Andreas Hausotter

Schlaglichter der Kirchengeschichte

Stundenentwürfe und Materialien
für den Religionsunterricht

Auer

Gedruckt auf umweltbewusst gefertigtem, chlorfrei gebleichtem
und alterungsbeständigem Papier.

2. Auflage 2017
Nach den seit 2006 amtlich gültigen Regelungen der Rechtschreibung
© Auer Verlag
AAP Lehrerfachverlage GmbH, Augsburg
Alle Rechte vorbehalten
Das Werk und seine Teile sind urheberrechtlich geschützt. Jede Nutzung in anderen als den
gesetzlich zugelassenen Fällen bedarf der vorherigen schriftlichen Einwilligung des Verlages.
Hinweis zu § 52 a UrhG: Weder das Werk noch seine Teile dürfen ohne eine solche Einwilligung
eingescannt und in ein Netzwerk eingestellt werden. Dies gilt auch für Intranets von Schulen
und sonstigen Bildungseinrichtungen.
Covergestaltung: sahneeis Grafikdesign, München
Umschlagfoto: © Feenstaub / Fotolia.com
Illustrationen: Julia Flasche, Steffen Jähde, Hendrik Kranenberg
Satz: Fotosatz H. Buck, Kumhausen
Druck und Bindung: Stückle Druck + Verlag, Ettenheim
ISBN 978-3-403-**07576**-9

www.auer-verlag.de

Inhaltsverzeichnis

Vorwort 5

Das Urchristentum und seine Ausbreitung 6
- Das Umfeld des Urchristentums 9
- Der See Genezareth 10
- Jesus und die Orte seines Wirkens 11
- Die Missionsreisen des Apostels Paulus 12
- Das Leben des Apostels Paulus 13
- Die Verbreitung des Christentums durch Wanderprediger 14

Die Verfolgung des Christentums 15
- Neros lebende Fackeln 18
- Die Christenverfolgung unter Nero 19
- Der Brief des Statthalters Plinius 20
- Christsein – ein offizielles Verbrechen 21
- Die systematische Verfolgung der Christen 22

Von der verfolgten Religion zur Staatsreligion 23
- Das Toleranzedikt des Galerius 26
- Die Schlacht an der Milvischen Brücke 27
- Kaiser Konstantin und die Christen 28
- Das Christentum wird Staatsreligion 29

Die Ausbreitung des Christentums im Mittelalter 30
- Der heilige Patrick von Irland 33
- Die Bewegung der iro-schottischen Mönche 34
- Bonifatius, Apostel der Deutschen 35
- Kilian, der Frankenapostel 36
- Die Kreuzzüge – eine Internetrecherche 37

Kirchliches Leben im Mittelalter 38
- Ordensgründungen 42
- Die Regel des Benedikt 43
- Franz von Assisi – ein Ordensgründer 44
- Idealer Grundriss eines mittelalterlichen Klosters 45
- Die Bedeutung der mittelalterlichen Klöster 46
- Hexenszene um 1700 47
- Hexen und Zauberer 48
- Die Hexenverfolgung – ein Zeichen von Hilflosigkeit? 49

Ein Glaube – viele Kirchen? 50
- Die Hölle 54
- Der Ablasshandel und seine Auswüchse 55
- Martin Luther 56
- Luthers 95 Thesen 57
- Das Konzil von Trient 58
- Der Jesuitenorden 59

Kirche in der Zwangslage – die Kirche und die Nazis 60
- „Ja" dem Führer 64
- Nazis und Religion 65
- Vereinbarungen zwischen den Nazis und der katholischen Kirche 66
- „Mit brennender Sorge" 67
- Deutsche Christen 68
- Helfen trotz Lebensgefahr 69

Kirche auf dem Weg in die Moderne – das Zweite Vatikanische Konzil 70
- Zwei Päpste, zwei Selbstdarstellungen 75
- Ecclesia semper reformanda – Die Kirche braucht stets eine Erneuerung ... 76
- Die Konzilspäpste: Johannes XXIII. und Paul VI. 77
- Gemeinsam kommen wir ans Ziel 78
- Das Zweite Vatikanische Konzil 79
- Veränderungen im kirchlichen Alltag 80
- Das Erste Vatikanische Konzil – ein Rückblick 81
- Konzilsbeschlüsse in der Praxis – die Würzburger Synode 82

Quellen- und Literaturverzeichnis 83

Vorwort

Liebe Kolleginnen und Kollegen,

im Laufe seiner rund zweitausendjährigen Geschichte hat das Christentum viele Wandlungen durchgemacht: von den zarten Wurzeln in der Antike über das Mittelalter hinweg, in dem die Kirche in Europa auch politisch kräftig agierte, bis hin zur Moderne, in der die Kirche sich immer neuen Fragen ausgesetzt sieht und mit großem gesellschaftlichen Gegenwind zu kämpfen hat. Aus all diesen Epochen sollen die Schüler[1] historische Ereignisse kennenlernen, um sich ein Bild von der bunten Geschichte der Kirche zu machen.
Die Auswahl ist punktuell und es liegen zwischen einzelnen Ereignissen oft Jahrhunderte. Für eine umfassende Darstellung der Kirchengeschichte wären ganze Bücher notwendig, ein solches Unterfangen ist in den Lehrplänen selbstverständlich nicht vorgesehen.

Ich habe mich bemüht, die Auswahl der Materialien für Schüler attraktiv zu halten, es finden sich in wechselnder Reihenfolge Bilder, Texte oder Anleitung zu kreativen Arbeiten. Im Unterricht soll dabei nicht nur Faktenwissen vermittelt werden, sondern Ziel ist es, die Schüler zum Nachdenken und zum kritischen Hinterfragen anzuregen. Die Aufgabenstellungen zu den Materialen variieren: Häufig wird eine Textproduktion verlangt, sei es in Form einer Stellungnahme, eines Berichts für die Schülerzeitung oder eines Blog-Beitrags. Auch eine Internetrecherche wird vorgeschlagen oder das Erstellen einer Plakatwand im Klassenzimmer.

Vor jedem Kapitel finden Sie kurze didaktisch-methodische Hinweise, wie Sie mit den sich anschließenden kopierfertigen Materialien verfahren können, welche Hilfsmittel (✎) Sie gegebenenfalls dafür benötigen und welche Lösungen (💡) möglich sind. Dabei handelt es sich allerdings nur um Lösungsvorschläge – Sie können mit Ihren Schülern teilweise auch zu völlig anderen Ergebnissen gelangen.

Ich wünsche Ihnen viel Spaß bei der Arbeit mit den vorliegenden Materialien.

Andreas Hausotter

---

[1] Aufgrund der besseren Lesbarkeit ist in diesem Buch mit Schüler auch immer die Schülerin gemeint, ebenso verhält es sich mit Lehrer und Lehrerin etc.

SCHLAGLICHTER DER KIRCHENGESCHICHTE

Das Urchristentum und seine Ausbreitung

Im ersten Kapitel dieser Handreichung werden die Anfänge des Christentums betrachtet. Wo hat Jesus gewirkt? Wie hat sich das Christentum ausgebreitet? Welche Kirchenämter gab es? Mit dem Apostel Paulus soll zudem ein typischer Wanderprediger der damaligen Zeit vorgestellt werden.

In diesem ersten Abschnitt christlicher Geschichte ist es den wenigsten Zeitgenossen bewusst, dass sich gerade eine neue Religion entwickelt. Viele nehmen die Christen als eine Unterordnung der Juden wahr, wie wir aus Dokumenten der römischen Kaiser wissen. Vor diesem Hintergrund sollten die ersten Jahrzehnte des Christentums auch betrachtet werden: Jesus war Jude, seine Ideen entstammen jüdischem Gedankengut und für einen Außenstehenden ist zunächst kaum ein Unterschied festzustellen.

Das Umfeld des Urchristentums (S. 9)

Um manche Ereignisse und Entwicklungen besser verstehen zu können, ist es hilfreich, sich das Umfeld des Urchristentums anzusehen: Was waren die politischen Gegebenheiten und wo befand sich das Zentrum des Geschehens?
Einen ersten Überblick gewinnen die Schüler mithilfe eines vorliegenden kurzen Informationstextes sowie einer Landkarte.

Der See Genezareth (S. 10)

Zur Einstimmung auf das antike Judäa bekommen die Schüler einen Eindruck von der dortigen Geografie. Es soll ein Bewusstsein dafür geschaffen werden, dass es sich bei den Wirkungsstätten Jesu um eine völlig andere Umgebung handelt, als wir diese kennen: Es herrscht Mittelmeerklima, ein Großteil des Gebiets besteht aus Wüste und ist im Grunde lebensfeindlich. Die Landschaft unterscheidet sich optisch stark vom mitteleuropäischen Raum.

Kopieren Sie die Vorlage (zusätzlich) auf Folie.

Die Landschaft ist leicht hügelig, es sind aber keine Hochgebirge zu erkennen.
Der Bewuchs ist sehr dürftig: Die größeren Flächen sind kahl, nur ab und zu finden sich niedrige Büsche und Bäume. Wälder oder Wiesen sind nicht zu sehen.
Die Besiedlung zieht sich am Rande des Sees entlang, keine Siedlungsfläche ragt weiter ins Land hinein. Es scheint sich hier um keine Gegend des Überflusses und Wohlstandes zu handeln, alle Erträge müssen der Natur abgerungen werden.

Jesus und die Orte seines Wirkens (S. 11)

Die Quellenlage zu diesem Thema ist etwas verworren. Zieht man alle Evangelien heran, so wird man Widersprüche finden: Einerseits soll Jesus in Samarien gepredigt haben, andererseits verbot er seinen Jüngern, Heiden zu missionieren und erwähnte explizit dieses Gebiet, um sich von dort fernzuhalten. Einige Forscher sind der Meinung, dass Jesus nur um seinen Heimatort Nazareth und den See Genezareth gewirkt hat und die weiter entfernten Orte ein Zeugnis für die Reisen der Wanderprediger und die Ausbreitung des Christentums sind.

Auf diesem Arbeitsblatt sind auch Orte zu finden, die historisch wohl nicht auf Jesu Reiseroute lagen. Die Schüler sollen v. a. erkennen, dass Jesus nicht an einer Station predigte, sondern dass er sich von Ort zu Ort bewegte.

Hinweis: Je nach Bibelausgabe oder anderer vorliegender Textquelle können die Städte und Gegenden abweichende Namen besitzen. So findet sich beispielsweise für „Kafarnaum" auch die Schreibweise „Kapernaum".

SCHLAGLICHTER DER KIRCHENGESCHICHTE

Die Orte selbst sollen die Schüler anhand von Bibelzitaten herausfinden.

Legen Sie Bibeln in ausreichender Anzahl bereit.

Mt 4,12f.	Kafarnaum	Joh 4,5	Sychar in Samarien
Mt 4,18	See Genezareth / See von Galiläa	Mk 8,27	Caesarea Philippi
Mt 4,23	ganz Galiläa	Mt 8,28	Gebiet von Gadara
Mk 1,21f.	Kafarnaum	Mt 19,1	Judäa, jenseits des Jordan
Mk 5,1	Gebiet von Gerasa, am See	Mt 21,1	Betfage am Ölberg
Mk 7,24	Gebiet von Tyrus	Mt 21,10	Jerusalem

Die Missionsreisen des Apostels Paulus (S. 12)

Paulus von Tarsus, der im 1. Jahrhundert nach Christus lebte und ein erfolgreicher Missionar des Urchristentums war, bereiste weite Teile des östlichen Mittelmeerraums. Seine Reisen führten ihn nach Zypern (1. Missionsreise), nach Galatien, Griechenland, Korinth, Jerusalem und Antiochia (2. Missionsreise) und schließlich nach Ephesus, Griechenland und Jerusalem (3. Missionsreise).

Anhand der vorliegenden Karte sollen die Schüler erkennen, dass sich Paulus im östlichen Teil des Römischen Reiches bewegte, dass also das Christentum zunächst nicht im westlichen Europa ausgebreitet wurde. Weiterhin soll klar werden, dass Paulus lange Reisen auf sich nahm und er es als seinen Lebensinhalt betrachtet haben muss, das Christentum zu verbreiten.

Auf den nachfolgenden Arbeitsblättern wird Paulus näher vorgestellt und die Dimensionen seiner Reisen werden den Schülern erneut verdeutlicht.

Kopieren Sie die Vorlage (zusätzlich) auf Folie.

Das Leben des Apostels Paulus (S. 13)

Nachdem die Schüler die vermeintlichen Reiserouten des Apostels Paulus kennengelernt haben, steht nun die Person selbst im Mittelpunkt. Aus Paulus' Texten wird immer wieder in den Gottesdiensten vorgelesen, denn er äußerte sich zu verschiedensten Themen, die die Urchristen betrafen. Aber wer war dieser Paulus? Zunächst war er ein überzeugter Jude, der die Christen verfolgte, aber aus uns unbekannten Gründen selbst Christ wurde und den christlichen Glauben fortan vor allem unter den Heidenchristen verbreitete. Gerade dafür, dass er nicht nur Juden bekehren wollte, musste er sich übrigens mehrmals bei seinen Glaubensbrüdern rechtfertigen.

In vielen seiner Schriften reagierte Paulus auf Probleme, die in den Christengemeinden direkt zu lösen waren und zu denen es bisher keine Vorschriften gab, die man befolgen konnte. Aus heutiger Sicht sind diese Probleme kaum mehr zu verstehen, da sie sich nicht mehr stellen – es gibt beispielsweise kein gemeinsames Agapemahl mehr nach der Messfeier, bei dem Unstimmigkeiten auftauchen könnten.

Die Schüler sollen anhand der angegebenen Bibelstellen verstehen, welche Probleme es in den antiken Gemeinden gab und dass manche dieser Vorschriften bis heute für die Christen Gültigkeit haben oder zumindest auf diese Bibelstellen Rückgriff genommen wird.

1. *Folgende Themen werden in den einzelnen Textstellen behandelt:*
    a) Verbot des Besuchs von Dirnen und der Prostitution
    b) Lob des Lebens ohne Partner – Wem dies nicht möglich ist, der möge heiraten. – Verbot der Scheidung
    c) Verhaltensregeln beim Gottesdienst: Die Frau soll ihr Haupt verhüllen, der Mann nicht (im Judentum ist es umgekehrt: Der Mann soll seinen Kopf bedecken, die Frau nicht.).
    d) Stellung der Judenchristen und der Heidenchristen: Beide sind gleichwertig.

DAS URCHRISTENTUM UND SEINE AUSBREITUNG

SCHLAGLICHTER DER KIRCHENGESCHICHTE

2. Die Gemeindemitglieder wandten sich an Paulus, da sie von ihm im Glauben und in den Lehren unterwiesen wurden und in ihm die Autorität sahen, ihr Verhalten zu bestimmen. Sie hatten möglicherweise auch nicht das Selbstbewusstsein oder die Erfahrung, eigene Regeln abzuleiten. Wahrscheinlich hörten die betroffenen Christen zudem nicht auf Mitglieder ihrer eigenen Gemeinde und fügten sich lediglich einer Weisung, die von einer höheren Autorität kam.

Die Verbreitung des Christentums durch Wanderprediger (S. 14)

Paulus gilt als Prototyp eines antiken Missionars. Entlang der römischen Straßen, die sich durch das gesamte Imperium erstreckten, und auch über den Seeweg bereiste er das östliche Mittelmeer, besuchte bestehende Christengemeinden und gründete neue. Die Schüler sollen anhand dieses Arbeitsblattes erfahren, dass Reisen in der Antike sehr viel mühsamer war, als dies heute der Fall ist, und dass Paulus auf seinen Reisen weit herumgekommen ist. Zur Veranschaulichung bietet es sich auch an, die Folie „Die Missionsreisen des Apostels Paulus" aufzulegen.

1. Reisezeiten:
   a) von Antiochia nach Salamis: 2 Tage
   b) von Ankyra nach Troas: 23,3 Tage
   c) von Antiochia nach Iconium: 20,7 Tage
2. Weitere Schwierigkeiten waren: Überfälle, evtl. keine Unterkunft für die Nacht, sehr teuer (Nahrung und Übernachtungen für viele Tage nötig)
3. *Die Schüler sollen individuell und begründet beschreiben, womit die Missionare Erfolg bei ihnen haben könnten oder warum jegliche Versuche erfolglos wären. Es ist darauf zu achten, dass keine oberflächlichen Begründungen genannt werden.*

SCHLAGLICHTER DER KIRCHENGESCHICHTE

Das Umfeld des Urchristentums

Zur Zeit Jesu und noch fast 500 Jahre lang danach waren die Römer das dominierende Volk im Mittelmeerraum. Sie hatten im Laufe der vergangenen Jahrhunderte ihren Machtbereich über Italien hinaus ausgedehnt und ihre Gesetze, Sprache, Verwaltung und Kultur in alle neu eroberten Gebiete mitgebracht.

Auch Judäa (lateinisch: „Iudaea"), die Heimat Jesu, war von den Römern erobert worden. Und es handelte sich für die Römer um ein problematisches Gebiet: Es gab mehrere Aufstände, die gegen die römische Herrschaft und die von den Römern eingesetzten Herrscher gerichtet waren. Deshalb hatten die Römer ein besonderes Augenmerk auf diese Provinz und setzten ihre Gesetze mit aller Härte durch. Die örtlichen Gesetze hingegen waren für die Römer kaum von Bedeutung. Nur in wenigen Fällen hatten die Juden ein Mitspracherecht, und zwar immer dann, wenn es sich um Verbrechen mit religiösem Hintergrund handelte.

Nicht verschwiegen werden sollen aber auch die Vorteile, die die römische Herrschaft für viele Gebiete brachte: Es herrschte eine höhere Rechtssicherheit, die Gesetze wurden schriftlich fixiert und waren somit jedem, der lesen konnte, zugänglich. Die Infrastruktur verbesserte sich: Es wurden Straßen und Wasserleitungen angelegt, um die Lebensqualität zu steigern.

Tolerant waren die Römer gegenüber den Religionen der unterworfenen Völker: Alle Religionen durften weiterhin frei ausgeübt werden, sofern sie sich nicht gegen die Römer richteten. Zunächst gab es also keine Einschränkungen. Ebenso wurden die vorgefundenen Kulturen toleriert. Diese Regelung machte die Fremdherrschaft durch die Römer erträglich.

Jesus wurde also in einer Zeit geboren, in der seine Heimat von einem fremden Volk regiert wurde. Trotzdem konnte er jüdisch erzogen werden und die Kultur seiner Vorfahren kennenlernen. Dass er mit römischen Gesetzen und Urteilen konfrontiert war, können wir an seiner Todesart sehen: Das Kreuzigen war eine typische Hinrichtungsart, die die Römer gegen Aufständische anwandten.

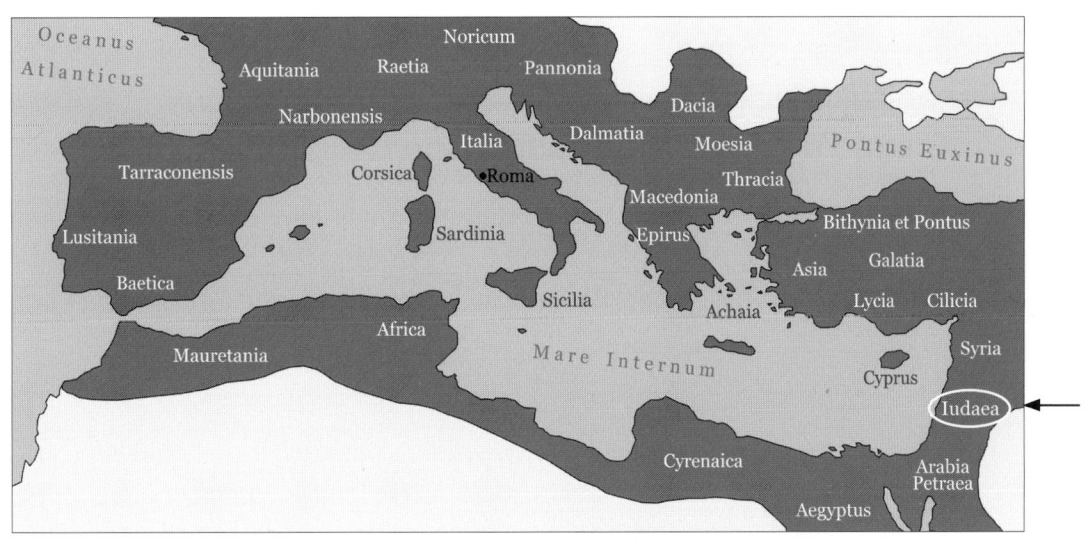

Die von den Römern beherrschten Gebiete in der Mittelmeerregion zur Zeit Jesu

SCHLAGLICHTER DER KIRCHENGESCHICHTE

Der See Genezareth

Das Bild zeigt den See Genezareth. Dieser liegt weit im Norden Israels in Galiläa und ist mit 212 Metern unter dem Meeresspiegel der tiefstgelegenste Süßwassersee der Erde.

Für Israel ist der See insofern sehr bedeutend, als er das größte Süßwasserreservoir des Landes darstellt. Denn Israel besteht zu rund 50 % aus Steppe und Wüste.

Bereits in der Antike war das Ufer des Sees von mehreren Städten umgeben. In der Nähe des Sees kann man mehrere Orte finden, die mit Jesus in Verbindung gebracht werden: Nazareth, Kanaa und Kafarnaum. In dieser Gegend hat Jesus wohl auch seine Kindheit und Jugend verbracht.

Beschreibe die Landschaft auf dem Bild, um einen Eindruck von der Lebenswelt Jesu zu bekommen.

Schlaglichter der Kirchengeschichte

Jesus und die Orte seines Wirkens

Jesus lebte im heutigen Israel, genaugenommen in Galiläa. In seiner Heimatstadt Nazareth wuchs er auf und übte den Beruf aus, den er erlernt hatte. Im Alter von ca. 30 Jahren allerdings gab es einen Bruch in seinem Leben: Er verließ seine Familie, gab seinen Beruf auf und ging auf Wanderschaft, um seine Botschaft zu verkünden. Dabei ist er für antike Verhältnisse ziemlich weit herumgekommen. Ein genaues Bild seiner Reisen können wir heute nicht mehr nachzeichnen, da sich die Texte manchmal widersprechen oder kein vollständiges Bild abgeben.

Schlage folgende Bibelstellen nach. Sie können dir einen Anhaltspunkt bieten, wo zumindest einige von Jesu Wirkungsstätten waren.

Mt 4,12f.
_____

Mt 4,18
_____

Mt 4,23
_____

Mk 1,21f.
_____

Mk 5,1
_____

Mk 7,24
_____

Joh 4,5
_____

Mk 8,27
_____

Mt 8,28
_____

Mt 19,1
_____

Mt 21,1
_____

Mt 21,10
_____

Das Urchristentum und seine Ausbreitung

SCHLAGLICHTER DER KIRCHENGESCHICHTE

Die Missionsreisen des Apostels Paulus

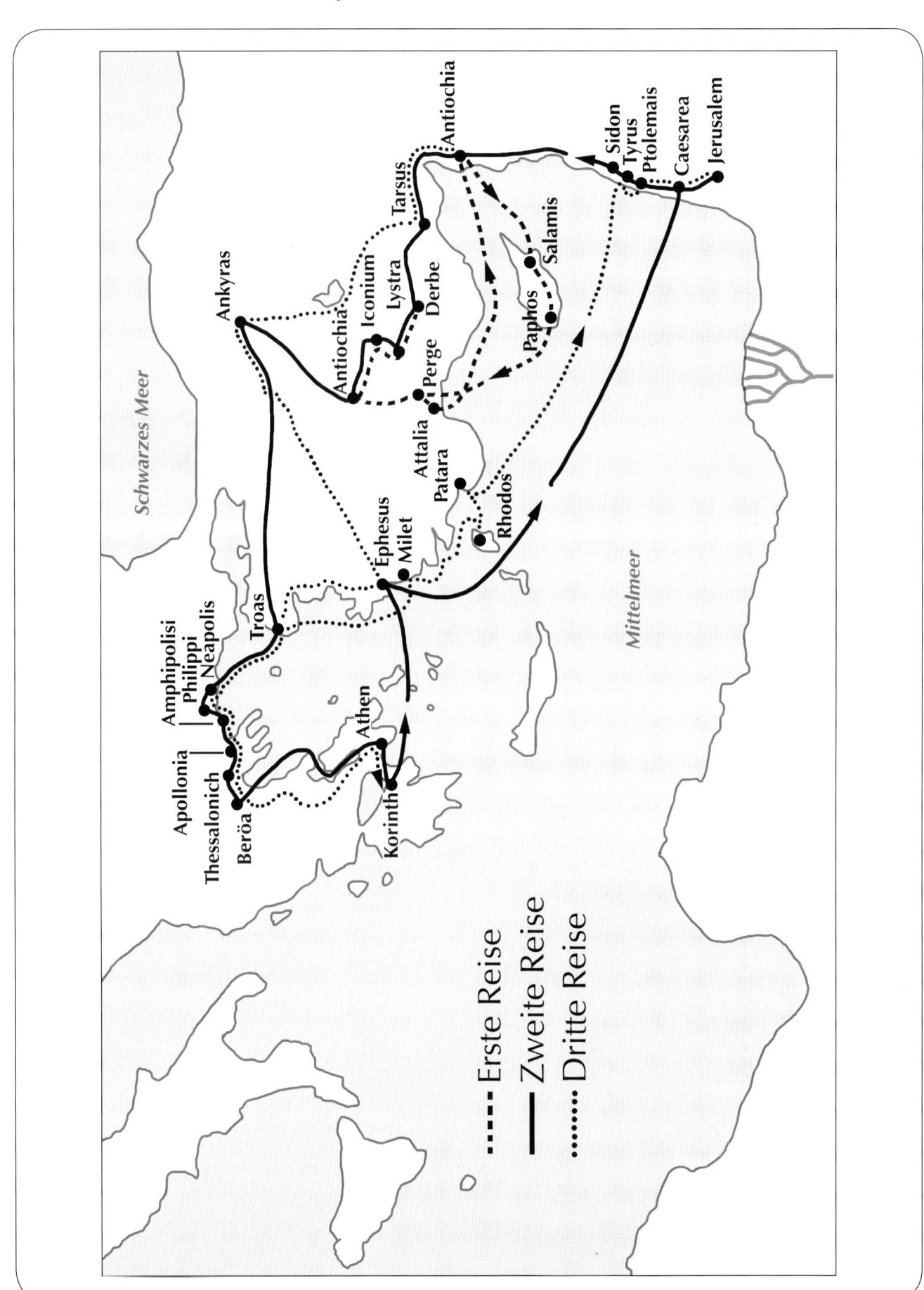

DAS URCHRISTENTUM UND SEINE AUSBREITUNG

SCHLAGLICHTER DER KIRCHENGESCHICHTE

Das Leben des Apostels Paulus

1 Der uns bekannte Apostel Paulus war zunächst gar kein Christ. Er war Jude, stammte aus Tarsus in der heutigen Türkei und besaß das römische Bürgerrecht (was ihm rechtlich enorme Vorteile verschaffte). In seiner Jugend erhielt er eine fundierte Ausbildung bei einem Toralehrer und war entschiedener Gegner des Christentums. Laut eigener Aussa-
5 gen (Gal 1,13) war er sogar ein Verfolger der Christen. Doch dann hatte er ein Erlebnis, das einen Sinneswandel in Paulus auslöste. Im Anschluss daran verfolgte er die Christen nicht mehr, er wurde sogar einer von ihnen und verbreitete fortan den christlichen Glauben. Er zog durch Städte und Dörfer und bekehrte sogenannte Heiden zu Christen. Eine Aufgabe, die auch Schwierigkeiten mit sich brachte: Viele Christen sahen sich im Grunde
10 immer noch als Juden an und befolgten viele jüdische Riten. So war es Juden beispielsweise verboten, mit Nicht-Juden gemeinsam zu speisen. Wie konnte das aber funktionieren, wenn eine Gemeinde aus Judenchristen und Heidenchristen bestand? Diese und ähnliche Probleme galt es zu lösen. Während seiner langjährigen Reisen sah sich Paulus immer wieder von
15 Juden verfolgt und fürchtete um seine Sicherheit. Schließlich sollte sich seine Furcht als begründet erweisen: Er wurde von Juden angeklagt, einen Nicht-Juden mit in den Tempel gebracht zu haben, ein Vergehen, auf dem die Todesstrafe stand. Da Paulus das römische Bürgerrecht besaß, wurde er nach Rom gebracht. Wann und unter welchen
20 Umständen er dort starb, ist nicht sicher nachweisbar.

Einzelne Episoden aus Paulus' Missionsreisen können wir seinen Briefen entnehmen, die in der Bibel zu finden sind.

1. Schlage folgende Bibelstellen nach und finde heraus, zu welchen Fragen und Unklarheiten die jungen christlichen Gemeinden Paulus um Rat baten. Wie lautete jeweils seine Antwort?
   a) 1 Kor 6,12–20
   b) 1 Kor 7,8–11
   c) 1 Kor 11,1–7
   d) Eph 2,11–22

2. Mutmaße, warum sich die Gemeindemitglieder wohl an Paulus wandten, obwohl dieser doch gar nicht mehr vor Ort war.

Vom Saulus zum Paulus

Oft wird berichtet, dass Paulus zunächst Saulus hieß, nach dem ersten König Israels. Nach seiner Bekehrung soll er seinen Namen in „Paulus" geändert haben, was auf Deutsch „der Kleine, der Unbedeutende" heißt. Leider ist diese Geschichte höchst unwahrscheinlich. Juden wählten einen Zweitnamen, der in ihrem nicht-jüdischen Umfeld leichter verständlich war und ähnlich klang wie ihr jüdischer Name.

DAS URCHRISTENTUM UND SEINE AUSBREITUNG

SCHLAGLICHTER DER KIRCHENGESCHICHTE

Die Verbreitung des Christentums durch Wanderprediger

Das Christentum nahm seinen Anfang mit dem Tode Jesu, ca. 30 n. Chr. Gerade die ersten hundert Jahre müssen eine spannende Zeit gewesen sein: Zunächst gab es nur wenige Anhänger, die zudem als eine Bewegung innerhalb des Judentums gesehen wurden. Als eigenständige Religion galt das Christentum erst um 135 n. Chr.

Doch wie wurde man Christ? Heute entscheiden das oft die Eltern, indem sie ihre Kinder taufen lassen. Aber wie funktioniert das, wenn die Eltern gar keine Christen sind? Zunächst gab es die Apostel, die Jesus nachgefolgt sind. Nach dem Tod Jesu und seiner Auferstehung wanderten sie weiter und verbreiteten ihre Lehren und ihren Glauben an Jesus Christus in den umliegenden Städten und Gemeinden. So entstanden mehrere Urgemeinden, die aber jeweils nur aus wenigen Anhängern bestanden haben dürften. Aus den einzelnen Gemeinden erwuchsen neue Wanderprediger und Missionare, die den Glauben an Christus weiter in der Umgebung verbreiteten. Den Missionaren kam das Imperium Romanum zu Hilfe: Fast der gesamte Mittelmeerraum war durch ein gutes Straßennetz miteinander verbunden, das die Römer angelegt hatten. Außerdem gab es einen regen Schiffsverkehr zwischen den einzelnen Provinzen des Römischen Reiches. Und tatsächlich entwickelten sich die ersten Gemeinden entlang der Haupthandelsrouten im Osten des Römischen Reiches.

Da die Wanderprediger und Missionare oft nicht in den neu gegründeten Gemeinden blieben, sondern nach einer gewissen Zeit weiterzogen, blieben sie über Briefe in Kontakt zu den neuen Christen. Ein Beispiel dafür ist der Apostel Paulus, dessen Briefe teilweise Einzug in die Bibel gefunden haben.

Trotz der guten Infrastruktur war das Reisen natürlich erheblich anstrengender und aufwendiger als heute. Folgende Strecken konnte man durchschnittlich am Tag zurücklegen:

- zu Fuß: 30 Kilometer
- im Wagen: 80 Kilometer
- per Pferd: ca. 120 Kilometer (Eilboten bis zu 200 Kilometer)
- per Schiff: ca. 150 Kilometer (abhängig von Seegang und Wind)

Nicht eingerechnet sind notwendige Pausen oder widriges Wetter.

1. Berechne, wie lange Paulus wohl auf folgenden Strecken unterwegs war.
   a) von Antiochia nach Salamis (ca. 300 Kilometer, per Schiff)
   b) von Ankyra nach Troas (ca. 700 Kilometer, zu Fuß)
   c) von Antiochia nach Iconium (ca. 620 Kilometer, davon die Hälfte zu Fuß und die Hälfte im Wagen)
2. Sammle, welche Schwierigkeiten dir neben der langen Dauer beim Reisen in der Antike noch bekannt sind.
3. Stelle dir vor, ein Missionar spricht dich an und möchte dich von seinem Glauben überzeugen und dich für seine Ideen gewinnen. Überlege, wodurch er dich überzeugen könnte bzw. warum er bei dir keine Chance hätte.

SCHLAGLICHTER DER KIRCHENGESCHICHTE

Die Verfolgung des Christentums

Das Christentum hatte einen denkbar schwierigen Start: Der Religionsstifter wurde von der staatlichen Obrigkeit als Revolutionär gekreuzigt, die Nachfolger verstreuten sich in alle Winde. Die Christus-Gläubigen wurden von den Juden nicht akzeptiert, im Laufe der Zeit wurden dann auch die Römer auf die Christen aufmerksam und verfolgten sie mit wechselnder Intensität.

Diese erste Epoche des Christentums, die bis ins 4. Jahrhundert dauern sollte, wird oft als Zeit der Verfolgung gesehen. Nach Meinung einiger Forscher beläuft sich die Zahl der Christen, die für ihren Glauben gestorben sind, auf rund 10000. Das klingt zunächst nach viel, aber verteilt auf die rund 300 Jahre, die es bis zur Tolerierung des Christentums dauern sollte, ist die Zahl eher niedrig. So ist davon auszugehen, dass die Verfolgung schwerlich die Existenz des gesamten Christentums bedroht haben dürfte. Aber man musste sich der ständigen Gefahr bewusst sein, wenn man seinen Glauben zu offen auslebte.

Die Art, wie Christen verfolgt wurden, wandelte in den 300 Jahren ihre Gestalt: Kam es zunächst nur zu pogromartigen Übergriffen und spontanen Entladungen von Unmut, deren Opfer Christen waren, so wurde das Christsein im 2. Jahrhundert zum staatlich sanktionierten Verbrechen. Später wurde gezielt nach Christen gefahndet, da man sie als eine Bedrohung der staatlichen Ordnung ansah.

Im vorliegenden Kapitel sollen diese drei Abschnitte jeweils exemplarisch vorgestellt werden.

Neros lebende Fackeln (S. 18)

Zum Einstieg in das Thema Christenverfolgung erhalten die Schüler einen optischen Aufhänger. Vielen dürfte bekannt sein, dass Nero als einer der ersten Christenverfolger galt, auch wenn dies nicht ganz der Wahrheit entspricht: Nero verfolgte die Christen nicht, er zog sie als Sündenböcke für das brennende Rom heran. Nicht, weil er etwas gegen die christliche Religion hatte, sondern weil er erfahren hatte, dass die Christen eine seltsame Gruppierung seien.

1. Das Bild zeigt rechterhand Pfähle, an denen Menschen in luftiger Höhe festgebunden sind oder noch festgebunden werden. Unterhalb der Pfähle wird eine Feuerschale weiter angeheizt. Am zweiten Pfahl steigt ein Mann mit einer Fackel nach oben, als ob er die Person anzünden möchte. Es ist nicht zu erkennen, um welche Personen es sich bei den Angebundenen handelt.
Linkerhand stehen auf den Stufen einer Palasttreppe viele verschiedene Menschen, die sich dieses Spektakel ansehen. Es sind Männer, Frauen und auch Kinder zu erkennen, die Gruppe wirkt wie eine Festgesellschaft. Erhöht auf einer Plattform steht eine Sänfte mit einem Baldachin. Darunter thront eine Person (Kaiser Nero) und sieht dem Treiben zu. Er sitzt an vorderster Front und hat beste Sicht auf das Geschehen.
2. *Hier sollen die Schüler sich in die Lage eines Zuschauers versetzen. Das Ergebnis des Schreibens kann je nach Schüler unterschiedlich ausfallen. Es können Begeisterung über das Treiben aber auch Erschrecken über die grausame Behandlung der Menschen erwartet werden.*

Die Christenverfolgung unter Nero (S. 19)

Der vorliegende obere Text stammt vom römischen Historiker Tacitus, der von 58 bis 120 n. Chr. lebte, also zeitlich relativ nahe am Geschehen unter Kaiser Nero. Der zweite Text wurde von dem antiken Biografen Sueton verfasst, der weniger die Ereignisse als vielmehr bedeutende Personen charakterisieren wollte.

Die Texte können gut nach der Präsentation der Folie „Neros lebende Fackeln" eingesetzt und von den Schülern bearbeitet werden.

SCHLAGLICHTER DER KIRCHENGESCHICHTE

1. Zeilen 3f: Christen begehen Untaten und sind deshalb verhasst.
   Zeile 4: Der Name „Christen" geht auf Christus zurück.
   Zeilen 6f: Es handelt sich um Aberglauben, der aus Judäa stammt.
   Zeile 7: Auch in Rom ist das Christentum verbreitet.
   Zeile 11: Die Christen hassen alle Menschen.
2. Die Christen wurden der Brandstiftung beschuldigt, weil es sich bei ihnen um eine unbeliebte Bevölkerungsgruppe handelte, die kaum Unterstützung erfuhr.
3. Sueton bezeichnet die Christen als Abergläubische.
4. *Hier können zahlreiche Beispiele genannt werden: Der unbeliebte Klassenkamerad, auf den alle Vergehen in der Klasse geschoben werden; historisch: Beispielsweise wurden die Juden immer wieder als Sündenböcke für alle möglichen Ereignisse herangezogen. Weitere Beispiele lassen sich finden.*

Der Brief des Statthalters Plinius (S. 20)

Durch den Brief des Statthalters Plinius (ca. 61 bis 113 / 115 n. Chr.) an den Kaiser wurde zum ersten Mal festgehalten, wie Christenprozesse abliefen. Bisher waren die Christen eher Opfer spontaner Ausschreitungen in der Bevölkerung, es gab keine gezielte Verfolgung und Christen waren nicht per se Verbrecher. Mit dem Brief des Plinius und der kaiserlichen Antwort sollte sich das ändern: Nun konnte man angeklagt und verurteilt werden, weil man Christ war. Man musste keine wirkliche Tat begangen haben. Unter Nero beispielsweise wird den Christen im Zusammenhang mit einer angeblichen Brandstiftung Hass auf die Menschen vorgeworfen. Hierbei handelte es sich um einen Straftatbestand, der nicht mit dem Christentum zusammenhing.

1. Die Angeklagten wurden mehrmals befragt, ob sie Christen sind. Dabei wurde ihnen mit der Todesstrafe gedroht. Bei dreimaliger Bejahung wurde diese dann verhängt, nur römische Bürger wurden nach Rom geschickt. Bei Verleugnung mussten die Angeklagten Jesus verfluchen und Opfer an die heidnischen Götter erbringen.
2. Die Vorwürfe lauteten Halsstarrigkeit und Unbeugsamkeit sowie maßloser Aberglaube.
3. *Für diesen Antwortbrief gibt es inhaltlich im Grunde zwei Möglichkeiten: Die Zustimmung zum Verfahren oder die Ablehnung. Beides sollte gut begründet werden.*

Christsein – ein offizielles Verbrechen (S. 21)

Dieses Arbeitsblatt steht in direktem Zusammenhang mit dem vorherigen, da es nur zu verstehen ist, wenn man den Brief des Plinius kennt. Es empfiehlt sich auch, dieses Blatt erst auszuteilen, sobald die dritte Aufgabe des vorherigen bearbeitet wurde.
Zusätzlich zur Antwort des Kaisers Trajan findet sich auch ein Text des christlichen Autors Tertullian, der die Regelung Trajans kommentiert.

1. Trajan billigt das Vorgehen des Plinius und verbietet das Suchen von Christen sowie das Beachten anonymer Anzeigen.
   Es wird ein individuelles, begründetes Urteil der Schüler verlangt.
   Ein Gesetz könnte folgendermaßen lauten:
   „Es ist allen Einwohnern des Römischen Reiches verboten, Christ zu sein. Ein Zuwiderhandeln kann mit dem Tode bestraft werden."
2. Tertullian beschwert sich, dass Christsein eine Straftat darstellt, aber man nach diesen Verbrechern nicht suchen darf. Tertullian ist selbst Christ.
   Es wird wiederum eine individuelle Antwort erwarten. Man darf davon ausgehen, dass viele Schüler es seltsam finden, dass gerade ein Christ fordert, dass man nach Christen fahndet. Hier sei gesagt, dass Tertullian in vielen seiner Schriften sehr scharf und einseitig schreibt. Im Grunde fordert er hier, die Christen nicht mehr zu verfolgen.

DIE VERFOLGUNG DES CHRISTENTUMS

SCHLAGLICHTER DER KIRCHENGESCHICHTE

3. *Die Diskussionsrunde verlangt von den Schülern eine gute Vorbereitung. Es muss geklärt werden, welche Haltungen welcher Charakter in der Diskussionsrunde grundsätzlich einnimmt. Wer hat welche Interessen? Das können die Schüler in Gruppenarbeit zuvor besprechen. Ein neutraler Moderator, der sich in der Runde durchsetzen kann, sollte ausgesucht werden. Je nach Klassenstruktur bietet es sich an, Informationszettel zu verteilen, auf denen die Interessen und Ziele der einzelnen Personen zu finden sind.*

Die systematische Verfolgung der Christen (S. 22)

Diese Seite bietet eine stilisierte Opferbescheinigung. Unter Kaiser Decius (Regierungszeit von 249 bis 251 n. Chr.) gab es staatliche Opferbescheinigungen, welche die gleichen Informationen enthielten wie die abgedruckte Bescheinigung.

Hintergrund: Unter Decius feierte Rom seinen 1000. Geburtstag. Zugleich wurde das Reich von den aus den Osten kommenden Völkern stark bedroht und ein Bürgerkrieg war gerade zu Ende gegangen. Um sich einerseits des Schutzes der Götter zu versichern, und um andererseits an die Sitten der Vorfahren anzuknüpfen, wurde das Opfern zur Pflicht: Jeder Bürger hatte vor einer Kommission zu erscheinen und öffentlich zu opfern. Dafür erhielt er die Opferbescheinigung. Wer sich weigerte, konnte mit dem Tod bestraft werden. Diese Phase stellte für die Christen die schwierigste Verfolgung dar, da nun staatlich überprüft wurde, wer geopfert hatte und wer nicht. Ein Entkommen war kaum möglich. Somit sahen sich viele entweder einer schweren Sünde (Verleugnung des Glaubens) oder dem Tod ausgesetzt.

1. Die Opferbescheinigung enthält einen Absender (Überwachungskommission), einen Adressaten (Aurelia Charis), benennt Zeugen (Aurelius Serenus und Aurelius Hermas) und den zuständigen Beamten (Hermas) sowie das Ausstelldatum (16. Juni 249). Außerdem stellt die Bescheinigung eine Bestätigung dar, das vorgeschriebene Opfer vollzogen zu haben.
Hingewiesen wird auch auf die Bestrafung: Wer nicht opfert, wird hingerichtet, der Besitz geht an die Staatskasse, also an den Kaiser.
2. *Hier sind vielfältige Antworten möglich, die sich die Schüler aus den Informationen erschießen müssen, z. B.:*
    - *Der Kaiser will Bürger besser kontrollieren.*
    - *Der Kaiser will eine einheitliche Religion.*
    - *Der Kaiser will den Beistand der Götter.*
    - *Der Kaiser will möglichst viel Besitz erhalten.*
3. Die Christen konnten entweder gegen das 1. Gebot verstoßen und opfern, oder sie wurden möglicherweise hingerichtet.
4. *Es gab wenige Möglichkeiten, z. B.:*
    - *Bestechung des ausstellenden Beamten*
    - *Fälschung einer Opferbescheinigung*
    - *Jemand anderen für sich opfern lassen, denn Personalausweise zur Kontrolle gab es nicht*

DIE VERFOLGUNG DES CHRISTENTUMS

SCHLAGLICHTER DER KIRCHENGESCHICHTE

Neros lebende Fackeln

1. Beschreibe das vorliegende Bild genau. Achte auf die Haltung der einzelnen Personen.
2. Stelle dir vor, du wärst einer der Zuschauer gewesen. Verfasse einen Tagebucheintrag.

DIE VERFOLGUNG DES CHRISTENTUMS

SCHLAGLICHTER DER KIRCHENGESCHICHTE

Die Christenverfolgung unter Nero

Der Name Nero ist vielen bekannt. Er war römischer Kaiser von 54 bis 68 n. Chr. Viele bringen ihn mit dem Brand Roms im Jahr 64 in Verbindung, den er angeblich selbst gelegt haben soll. Erwiesen ist dies allerdings bis heute nicht. Dass zur Regierungszeit Neros viele Stadtteile Roms abgebrannt sind, ist unter Historikern jedoch unbestritten. Die Römer glaubten damals an Brandstiftung und nicht an eine natürliche Brandursache. Der Historiker Tacitus berichtet hierzu:

> *Um also dieses Gerede [gemeint ist die Brandstiftung; Anm. d. R.] aus der Welt zu schaffen, schob Nero die Schuld auf andere und bestrafte sie mit ausgeklügelten Martern. Es handelte sich um die wegen ihrer Untaten verhassten Leute, die das Volk Christen zu nennen pflegte. Der Name geht auf Christus zurück, der unter der Herrschaft des Tiberius durch den Prokurator Pontius Pilatus hingerichtet worden war. Dadurch für den Augenblick unterdrückt, flammte der verhängnisvolle Aberglaube später wieder auf, nicht nur in Judäa, der Heimat des Übels, sondern auch überall in der Hauptstadt, wo alle schrecklichen und schändlichen religiösen Bräuche von überall her zusammenkommen und geübt werden. Also ergriff man zuerst die Geständigen, dann auf ihre Anzeige hin eine ungeheure Menge von Leuten, die allerdings nicht gerade der Brandstiftung, aber doch des Hasses gegen das Menschengeschlecht überführt wurde. Mit den zum Tode Verurteilten trieb man auch noch ein grausames Spiel: […]*[1]

Tacitus berichtet, auf welche grausamen Arten Nero die geständigen Christen hinrichten ließ. Auch andere Schriftsteller haben zumindest wenige Sätze auf die Christenverfolgung verwandt. So schreibt der Biograf Sueton:

> *Mit Todesurteilen ging man gegen die Christen vor, eine Menschengattung, die sich einem neuen und ruchlosen Aberglauben hingegeben hatte.*[2]

Damit begann ein dunkles Kapitel für die frühe Christenheit, denn ihre Verfolgung sollte noch rund 250 Jahre andauern. Erst im 4. Jahrhundert konnte man ganz offen sagen: „Ich bin Christ."

Beantworte die Fragen zum Text.
1. Welche Informationen kannst du dem Bericht von Tacitus über die Christen und ihren Glauben entnehmen?
2. Aus welchem Grund werden die Christen der Brandstiftung beschuldigt?
3. Welche Informationen liefert Sueton?
4. Kennst du Beispiele aus der Geschichte (oder auch ganz moderne Beispiele), in denen Menschen aus dem gleichen Motiv wie Nero handeln?

---

1 Tacitus, Annalen XV 44, 2–4 (gekürzt). Übersetzung aus: Guyot / Klein, S. 17.
2 Sueton, Nero, 16,2. Übersetzung aus: Guyot / Klein, S. 19.

SCHLAGLICHTER DER KIRCHENGESCHICHTE

Der Brief des Statthalters Plinius

Wie unter Nero erging es den Christen noch Jahrzehnte: Immer wieder mussten sie als Sündenböcke herhalten, wenn kein anderer Schuldiger gefunden wurde. Aber bislang wurde niemand allein dafür bestraft, dass er Christ war. Vorgeschoben wurden stets andere Taten. Das sollte sich Anfang des 2. Jahrhunderts ändern:
Es sind Briefe des römischen Statthalters Plinius erhalten, der sich bei seinem Verhalten gegenüber den Christen unsicher ist. Folgendes hat er sinngemäß geschrieben:[1]

„Mein lieber Kaiser Trajan,

wieder einmal weiß ich nicht weiter und benötige deine Hilfe. Es handelt sich um die Frage der Christenprozesse, das ist völliges Neuland für mich. Da stehen nun mehrere Christen vor mir, der eine jung, der andere alt, Frauen, Männer, Kinder, Greise – was soll ich machen?

Da ich die Prozesse nicht aufschieben konnte, bin ich folgendermaßen vorgegangen: Ich habe die Angeklagten gefragt, ob sie Christen sind. Wenn sie das bestätigt haben, habe ich sie noch einmal gefragt. Wenn sie wieder „ja" gesagt haben, dann habe ich ihnen mit der Todesstrafe gedroht und sie ein letztes Mal gefragt. Diejenigen, die dann immer noch bei ihrer Meinung geblieben sind, habe ich zur Hinrichtung abführen lassen. Denn diese Halsstarrigkeit und Unbeugsamkeit muss bestraft werden! Eine Ausnahme habe ich bei römischen Bürgern gemacht: Die habe ich gleich nach Rom geschickt.

Damit das Ganze nicht überhandnimmt, habe ich die anonymen Anzeigen ignoriert. Und diejenigen, die geleugnet haben, Christen zu sein, habe ich auf die Probe gestellt: Sie mussten unseren Göttern opfern und huldigen und auf Christus fluchen. Angeblich sind wahre Christen dazu nicht imstande. Wenn sie diese Aufgaben erledigt hatten, habe ich sie freigelassen.

Bei meiner Befragung habe ich auch erfahren, worin die Schuld der Christen besteht: Sie treffen sich wöchentlich an einem bestimmten Tag vor Sonnenaufgang, beten Christus als ihren Gott an und versprechen sich gegenseitig, sich nicht übers Ohr zu hauen. Danach sei man kurz auseinandergegangen, habe sich aber später wieder zum gemeinsamen Essen getroffen.

Da ich den Antworten keinen Glauben schenken durfte, habe ich zwei Sklavinnen, die auch zu den Christen gehörten, unter Folter befragt: nichts als verworrener, maßloser Aberglaube!

Nun bin ich an einem Punkt angelangt, an dem ich nicht weiterweiß und ich bitte um Anweisungen und um Bestätigung, dass mein Verfahren richtig war.

*Ich grüße dich und bleibe dein ergebener Untertan
C. Plinius"*

1. Erkläre, wie die Prozesse gegen Christen unter Statthalter Plinius ablaufen.
2. Zeige auf, welche Vorwürfe den Christen hier im Grunde gemacht werden.
3. Begib dich in die Rolle des Kaisers und verfasse einen Antwortbrief an Plinius.

---

1 frei nach Plinius, ep. X 96

SCHLAGLICHTER DER KIRCHENGESCHICHTE

Christsein – ein offizielles Verbrechen

Plinius sollte eine Antwort auf seinen Brief an den Kaiser erhalten:[1]

Trajan an Plinius

Du hast dich bei den Prozessen gegen die Christen korrekt verhalten. Denn es gibt bisher gar keine verbindlichen Vorschriften, wie man sich korrekt zu verhalten hat als Statthalter.

Aber beachte folgende Anweisungen: Suche nicht gezielt nach Christen und nimm auch keine anonymen Anzeigen entgegen. Denn das wäre ein schlechtes Beispiel für unsere aufgeklärte Zeit.

Aber angezeigte und überführte Christen müssen bestraft werden! Wer jedoch sein Christsein leugnet, dem soll nach deinem Beispiel Gnade zuteilwerden, wenn er den Christengott verhöhnt und unseren Göttern huldigt.

Ein christlicher Autor, Tertullian, äußerte sich Jahrzehnte später zu dieser Anweisung folgendermaßen:[2]

Welch eine seltsame Entscheidung des Kaisers! Auf der einen Seite werden die Christen bestraft wie Verbrecher. Auf der anderen Seite darf man aber nicht nach ihnen suchen, als wären sie Unschuldige. Was denn nun? Nach Räubern, Mördern und Majestätsverbrechern wird doch auch über alle Staatsgrenzen hinweg gesucht, um sie vor Gericht zu stellen. Warum dann nicht auch nach uns Christen? Ich habe den Eindruck gewonnen, Christen werden nicht deshalb verurteilt, weil sie ein Verbrechen begangen haben, sondern weil man sie ärgerlicherweise zufällig entdeckt hat, obwohl man sie gar nicht gesucht hat.

1. Beurteile die Antwort des Kaisers auf das Schreiben des Plinius und formuliere mit eigenen Worten ein Gesetz, das das Christsein unter Strafe stellt.
2. Kannst du die Beurteilung Tertullians nachvollziehen? Begründe deine Meinung.
3. Gestaltet eine Diskussionsrunde, in der ihr über die Christenprozesse diskutiert. Mögliche Gäste könnten sein: Der Kaiser, Plinius, Tertullian, ein verhafteter Christ ...

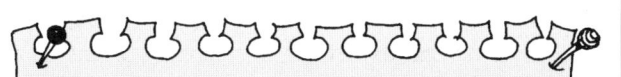

Märtyrer

Menschen, die für ihren Glauben sterben, nennt man Märtyrer oder auch Blutzeugen. Der erste christliche Märtyrer soll Stephanus gewesen sein, der wegen seines Glaubens gesteinigt wurde.

In der Antike war es eine Ehre, wenn man den Märtyrertod erlitt, zeigt das doch, dass man ein echter Gläubiger war. Es soll sogar Christen gegeben haben, die ihren Märtyrertod provoziert haben.

---

1 frei nach Plinius, ep. X 97
2 frei nach Tertullianus, apol. 2,6–9

DIE VERFOLGUNG DES CHRISTENTUMS

SCHLAGLICHTER DER KIRCHENGESCHICHTE

Die systematische Verfolgung der Christen

Opferbescheinigung

Absender: Überwachungskommission der Götteropfer

Adressat: Aurelia Charis aus Theadelpheia

Inhalt: Hiermit wird bestätigt, dass die Inhaberin in Gegenwart von Zeugen die vorgeschriebenen Speise- und Trankopfer an die Götter dargebracht hat. Außerdem hat sie vom Opferfleisch gekostet.

Zeugen: Aurelius Serenus
Aurelius Hermas

Zuständiger Beamter: Hermas, Verwaltungsbeamter

Datum: 16. Juni des 1. Regierungsjahres des Kaisers Decius

(Hinweis: Diese Bescheinigung muss aufbewahrt werden und auf Verlangen eines Richters vorgezeigt werden. Sollte die Bescheinigung nicht innerhalb einer gesetzten Frist vorgelegt werden, so ist die betreffende Person hinzurichten, ihr Besitz geht an die Staatskasse.)

1. Beschreibe die Opferbescheinigung. Gehe dabei auf alle beteiligten Personen ein.
2. Bescheinigungen dieser Art wurden unter Kaiser Decius Mitte des 3. Jahrhunderts nach Christus eingeführt. Überlege, was der Kaiser möglicherweise damit erreichen wollte.
3. Mache dir bewusst, mit welchem Problem die Christen bei der Einführung dieser Opferbescheinigungen zu kämpfen hatten.
Beachte dabei das 1. Gebot:
„Ich bin Jahwe, dein Gott, der dich aus Ägypten geführt hat, aus dem Sklavenhaus. Du sollst neben mir keine anderen Götter haben."
4. Versetze dich in die Lage eines Christen im 3. Jahrhundert: Welche Möglichkeiten siehst du, eine Opferbescheinigung zu erlangen, ohne dabei mit deinem christlichen Glauben in Schwierigkeiten zu geraten?

SCHLAGLICHTER DER KIRCHENGESCHICHTE

Von der verfolgten Religion zur Staatsreligion

Nach über zwei Jahrhunderten der Verfolgung, der sich die Christen immer wieder ausgesetzt sahen, trat das Christentum seinen Siegeszug an: Das Toleranzedikt des Galerius sicherte den Christen freie Religionsausübung zu, Verfolgungen waren nicht mehr zu befürchten. Mit Konstantin wurde der Glaube an den Christengott sogar für einen Kaiser von Bedeutung und wenige Jahrzehnte später galt das Christentum als Staatsreligion im Römischen Reich. Die Zeit des staatlich gestützten Polytheismus war damit vorbei. Dadurch gewannen aber auch neue Fragen an Bedeutung: Wie sollte man mit der immer größer werdenden Zahl an Christen umgehen? Welche Strukturen waren nötig? Mit der Zahl der Gläubigen wuchs auch die Frage nach der schriftlichen Fixierung wichtiger Glaubensgrundsätze: War Jesus nun als Mensch oder als Gott geboren? Oder war er geschaffen? War die Gottesmutter Maria nun Jungfrau oder nicht?

Das Toleranzedikt des Galerius (S. 26)

Zwischen dem Verfolgen und dem Akzeptieren einer Minderheit gibt es noch eine Zwischenstufe: das Tolerieren derselben. Diesen Status hatte auch das Christentum im 4. Jahrhundert erreicht: Von einer verfolgten Religion wurde es zu einer tolerierten Religion, zumindest in einem Teil des Römischen Reiches. Galerius war einer der vier Tetrarchen, die Anfang des 4. Jahrhunderts das römische Imperium beherrschten. Er erließ in seinem Todesjahr ein Edikt, das das Christentum toleriert, aber nicht fördert. Entstanden ist das Edikt sicher nicht aus Überzeugung, es dürfen eher politische Gründe angenommen werden: Die vier Herrscher standen in Konkurrenz zueinander (obwohl das in der Planung gar nicht beabsichtigt war), es drohten stärker werdende Feinde von außerhalb des Reiches und auch innerhalb machte sich der Sittenverfall breit: Alte Werte galten nicht mehr und auch im religiösen Bereich gab es immer mehr Geheimkulte, die vor allem am Rande des Imperiums betrieben wurden.

1. Galerius sichert den Christen freie Religionsausübung zu, sofern sie nicht gegen die geltenden Sitten verstößt.
2. Sie sollen nach der geltenden Zucht leben und für die Sicherheit des Kaisers, der Republik und ihre eigene beten.
3. Seinem Bericht zufolge wurden die Christen früher gesetzmäßig verfolgt, aber viele verharrten in ihrem Glauben und starben lieber, bevor sie abfällig wurden. Diejenigen, die aber vom Christentum abfielen, brachten dem Opferdienst weit weniger Eifer entgegen als dem christlichen Glauben. Die Christen gelten seiner Ausführung zufolge auch als Menschen, die die Sitten der Väter nicht beachten und ihr eigenes Regelwerk aufstellen.
4. Der Ton gegenüber den Christen ist eher abweisend. Sie werden mit keinem Wort gelobt, Galerius macht ihnen eher Vorwürfe und sieht sie als stur und als Verräter an den alten Sitten an. Er bringt ihnen Milde entgegen, indem er sie toleriert. Milde kann man nur zeigen, wenn man die betreffenden Personen für schuldig hält und Gnade vor Recht ergehen lässt.
5. Für die Christen war dies ein Akt der Erleichterung: Sie konnten zwar nicht auf staatliche Unterstützung hoffen, aber sie wurden nicht mehr von staatlicher Seite aufgrund ihres Glaubens verfolgt und getötet. Sie bekamen auch nicht verboten, andere von ihrem Glauben zu überzeugen und zu missionieren.

Die Schlacht an der Milvischen Brücke (S. 27)

Diese Schlacht stellt für das Christentum einen weiteren Meilenstein auf dem Weg zur Staatsreligion dar: Kaiser Konstantin soll diesen Kampf gegen einen Konkurrenten im Zeichen Christi gewonnen haben, das ihm im Traum erschienen war. Ob es sich dabei um ein Kreuz oder ein Christogramm handelte, das ist ebenso umstritten wie der Wahrheitsgehalt der Geschichte. Auf dem vorliegenden Bild sollen die Schüler erkennen, dass ein römisches Heer erstmals ein Kreuz offiziell mitführte.

Kopieren Sie die Vorlage (zusätzlich) auf Folie.

Schlaglichter der Kirchengeschichte

1. Es ist ein Fluss mit einer Brücke zu sehen. Dort kämpfen zwei römische Heere gegeneinander. Das Heer links stürmt nach vorne, während sich die Soldaten rechterhand zur Flucht wenden bzw. getötet werden. Dass es sich um Römer handelt, kann man an den Feldzeichen, den Rüstungen und den Helmen erkennen. Während Kaiser Konstantin in prächtiger Rüstung überlegen auf seinem Pferd sitzt, geht sein Widersacher Maxentius mit seinem Heer buchstäblich (im Fluss) baden. Über der Szenerie schweben Engel, die Konstantin in der Schlacht zu beschützen und zu führen scheinen.
2. Das linke Heer, das die Schlacht offensichtlich gewinnt, trägt Fahnen und Feldzeichen mit sich. Unter anderem sind zwei Legionsadler zu sehen (oben links), auf der Brücke erkennt man zwei Feldzeichen mit den üblichen Scheiben (rechts). Die beiden Legionsadler sowie die Fahne daneben tragen ein Kreuz an ihrer Spitze. Das ist ein Novum, da bisher kein Heer unter dem Kreuz in die Schlacht zog.
3. Bürger eines Volkes ziehen oft in den Krieg, wenn sie verschiedenen politischen Richtungen folgen oder wenn sie verschiedene Kulturen haben, was im riesigen Römischen Reich keine Schwierigkeit war. Zur Zeit Konstantins kam noch dazu, dass es vier Kaiser gab, die die Macht unter sich aufteilen sollten. Natürlich kam es jedoch zu Streitereien und Konkurrenzkampf, sodass am Ende nur einer übrig bleiben sollte: Konstantin.
Da dies den Schülern in der Deutlichkeit aber nicht bekannt sein dürfte, sind hier weitere Gründe für einen Bürgerkrieg zu erwarten.

Kaiser Konstantin und die Christen (S. 28)

Nach dem Sieg über das konkurrierende Heer änderte Konstantin langsam seine Politik: Bisher ließ er sich auf Münzen und Abbildungen gerne zusammen mit dem unbesiegbaren Sonnengott (Sol invictus) darstellen. Nach seinem Sieg an der Milvischen Brücke verzichtete er auf derartige Bildnisse. Nach dem Erringen der Alleinherrschaft im Jahre 324 unterstützte er die Christen von staatlicher Seite. Taufen ließ er sich allerdings erst auf dem Sterbebett. Es wäre somit wohl nicht zutreffend, ihn als überzeugten Christen zu bezeichnen.

1. Bisher wurden die Christen nur toleriert (Toleranzedikt des Galerius), nun können sie hoffen, dass sie von staatlicher Seite Unterstützung erhalten, z. B. beim Bau von Gotteshäusern, beim Schlichten von Streitigkeiten untereinander und hinsichtlich der bevorzugten Behandlung anderer Religionen.
2. Galerius tolerierte die Christen lediglich. Seinem Text zufolge hielt er sie weiterhin für Verbrecher, die die Sitten der Vorfahren nicht beachteten, aber er tolerierte ihr Handeln. Konstantin wurde schließlich selbst zum Christ, er war also zumindest soweit von dieser Religion überzeugt, dass er sich auf dem Sterbebett diesem Glauben verschrieb. Das geht über eine Tolerierung hinaus.
3. *Hier können die Schüler in Gruppen eine kurze Szene erarbeiten. Dabei sollen sie sich überlegen, welche Personen wohl gut in der Szene mitspielen könnten und welche Haltung diese Personen möglicherweise zum Auftrag Konstantins haben.*

Das Christentum wird Staatsreligion (S. 29)

Mit Kaiser Theodosius I. wurde die höchste Stufe für das Christentum erreicht: Es wurde zur Staatsreligion erhoben, also zum Glauben, dem sich alle Reichsbürger zuwenden sollten.

1. Die Szene spielt vor einem großen Gebäude, am oberen Ende einer Treppe. Links kommen bewaffnete Männer die Stufen empor, oben steht ein Bischof in vollem Ornat, hinter ihm wohl seine Anhänger (an der Kleidung zu erahnen). Der Bischof steht aufrecht da, hält in der rechten Hand den Bischofsstab, die linke Hand streckt er nach vorne in einer scheinbar abwehrenden Geste aus. Ihm gegenüber steht vor der Gruppe der Bewaffneten ein Mann in prächtigem Gewand und mit Lorbeerkranz – kaiserliche Zeichen im Römischen Reich. Er hält den Oberkörper etwas geneigt und scheint dem Bischof unterwürfig in die Augen zu blicken.
Die beiden Personen scheinen keine Freunde zu sein, der Bischof ist offensichtlich dem Kaiser auch an Bedeutung überlegen, da er keine Geste der Unterwerfung zeigt, der Kaiser hingegen schon.

SCHLAGLICHTER DER KIRCHENGESCHICHTE

2. Das Christentum wurde Staatsreligion, somit die alleinig gültige Religion im Römischen Reich. Andere Glaubensrichtungen wurden nicht toleriert.
3. Die Christen konnten nun auf weitere staatliche Unterstützung und Verteidigung hoffen. Allerdings stieg auch die Verantwortung des Christentums, da es nun für alle Reichsbürger die verbindliche Glaubensrichtung darstellte. Und es geriet in Gefahr, genauso mit Andersgläubigen zu verfahren, wie am Anfang mit ihnen selbst verfahren worden ist: Es drohten Verfolgung und Verurteilung für Nicht-Christen. Somit konnten aus den Opfern von früher nun Täter werden.
4. *Die Zeitleiste sollte bei Christi Geburt beginnen und beim Toleranzedikt enden. Es ist also eine Zeitspanne von knapp 400 Jahren einzuzeichnen. Passend erscheint ein Zeitstrahl von 20 cm Länge, sodass 1 cm 20 Jahren entspricht, 1 mm somit 2 Jahren.*

Interessante Ereignisse wären unter anderem:

Christi Geburt (Jahr 1), Christi Tod (33), Verfolgung unter Nero (64), Briefwechsel des Plinius (ca. 100), Forderung von Opferbescheinigungen (251), Toleranzedikt des Galerius (311), Schlacht an der Milvischen Brücke (312), Konstantin erster christlicher Kaiser (337), Christentum wird Staatsreligion (380)

SCHLAGLICHTER DER KIRCHENGESCHICHTE

Das Toleranzedikt des Galerius

Gaius Galerius Valerius Maximianus war von 293 bis 311 n. Chr. römischer Kaiser. Zunächst war er mit seinen Amtskollegen (es gab zu der Zeit vier römische Kaiser gleichzeitig) ein Christenverfolger, bis er schließlich folgendes Edikt (kaiserlicher Befehl) im Jahre 311 erließ, weil politische Umstände ihn dazu zwangen:

Unter allen Überlegungen, welche wir zum Wohle und Erfolg der Republik zu tätigen gewohnt sind, hatten wir vormals auch entschieden, alle Dinge in Übereinstimmung mit den überlieferten Gesetzen und der Ordnung Roms zu regeln und bestimmt, dass sogar die Christen, welche den Glauben ihrer Väter verlassen haben, zur Vernunft gebracht werden sollten; da in der Tat die Christen selbst, aus irgendeinem Grund, einer Laune folgten und der Torheit verfielen, nicht die altgedienten Sitten zu befolgen, welche womöglich noch von ihren Vätern herrührten; aber nach ihrem Willen und Gutdünken wollen sie Gesetze für sich selbst schaffen, welche sie befolgen sollen und wollen, verschiedenstes Volk an verschiedenen Orten in Gemeinden sammeln. Schlussendlich als unser Gesetz mit dem Zweck verkündet wurde, sie sollen den altgedienten Sitten folgen, unterwarfen sich viele aus Angst vor der Gefahr, viele erduldeten jedoch den Tod. Und dennoch verharrten die meisten in ihrer Entscheidung, als wir nun sahen, dass sie den Göttern weder die Verehrung und schuldige Ehrfurcht noch Anbetung des Gottes der Christen zollten, gedachten wir, angesichts unserer höchsten gnädigen Milde und der regelmäßigen Angewohnheit, bei welcher wir gewohnt sind, allen Nachsicht zu gewähren, dass wir auch diesen unverzüglich Nachsicht gewähren, auf dass sie wieder Christen sein können und ihre Versammlungen abhalten mögen, vorausgesetzt, dass sie nicht entgegen der Zucht handeln. Aber wir erklären den Richtern in einem anderen Schreiben, was sie tun sollen. Aufgrund unserer Nachsicht sollen sie zu ihrem Gott für unsere Sicherheit, für die der Republik und für ihre eigene beten, auf dass die Republik weiterhin unbeschadet bleibt und sie sicher in ihren Häusern leben können.

Dieses Edikt wird vorgelegt in Nikomedia am Tage vor den Kalenden des Mai in unserem achten Jahr und im zweiten Jahr des Maximus (30. April 311).

Beantworte die Fragen zum Text.
1. Welche Zusicherung macht Kaiser Galerius den Christen?
2. Welche Forderung stellt er an die Christen?
3. Was berichtet Galerius über seine frühere Haltung zu den Christen?
4. Sieht Galerius die Christen eher positiv oder negativ? Begründe dein Urteil.
5. Was ändert sich mit diesem Toleranzedikt für die Christen?

SCHLAGLICHTER DER KIRCHENGESCHICHTE

Die Schlacht an der Milvischen Brücke

Das Bild zeigt eine Schlacht, bei der Römer gegen Römer kämpfen.

1. Beschreibe die dargestellte Szenerie genau.
2. Suche nach Symbolen, die von den Soldaten getragen werden (Fahnen, Bilder, religiöse Symbole ...). Fällt dir eines besonders auf?
3. Was könnte Bürger eines Volkes dazu veranlassen, gegeneinander Krieg zu führen?

VON DER VERFOLGTEN RELIGION ZUR STAATSRELIGION   27

SCHLAGLICHTER DER KIRCHENGESCHICHTE

Kaiser Konstantin und die Christen

1 Konstantin wird von christlichen Autoren gerne als der erste christliche römische Kaiser gesehen. Konstantin war von 306 bis 337 n. Chr. Kaiser. Zunächst aber war er nur einer von vieren: Die Staatsordnung der Römer sah vor, dass vier Kaiser gemeinsam das Imperium regierten. Allerdings kam es zu Streitigkeiten zwischen den vier Herrschern und
5 schließlich kämpften sie gegeneinander. Für Konstantin war ein bedeutender Einschnitt im Jahre 312: Er musste seinen Gegner Maxentius besiegen und der Erfolg der Schlacht war keineswegs sicher.
Einige Autoren berichten in ihren Geschichtsbüchern, dass Konstantin in der Nacht vor der Schlacht im Traum die Anweisung erhielt, das Christusmonogramm als sein Zeichen
10 zu verwenden.
In der Tat gewann Konstantin überraschend die Schlacht, obwohl sein Heer zahlenmäßig weit unterlegen war.

Trotz dieses Erfolgs wurde Konstantin kein Christ: Er verehrte weiterhin in der Öffentlich-
15 keit die heidnischen Götter, insbesondere den Sonnengott „Sol invictus" (den „unbesiegbaren Sonnengott"). Erst mit Beginn seiner Alleinherrschaft im Jahre 324 bekannte er sich öffentlich zum Christentum und förderte diese Religion.
20 Getauft wurde Konstantin aber erst auf dem Sterbebett, 337. Erst damit wurde er völlig in die Reihe der Christen aufgenommen.

Chi Roh

Das Christogramm (Chi Roh), das aussieht wie ein „P" mit einem „X" durchkreuzt, stellt ein christliches Zeichen dar.
Es handelt sich um die griechischen Buchstaben „CHR" und somit die ersten drei Buchstaben des Wortes „Christus".

In der Forschung ist Konstantin umstritten: Auf der einen Seite wird er als Verfechter des Christentums gepriesen, der diese Religion aus
25 tiefster Überzeugung gefördert hat. Auf der anderen Seite gilt er als Realpolitiker, der die Zeichen der Zeit erkannt hat und dem aufgefallen war, dass sowohl das Christentum sich immer weiter ausbreitete, wie auch die heidnischen Kulte, die nur noch einen Gott im Zentrum hatten, immer mehr an Zulauf gewannen. Die Zeit des Polytheismus schien sich somit dem Ende zuzuneigen.

1. Überlege, welche Vorteile es für die Christen hatte, dass nun auch der Kaiser ihrer Religion positiv gegenüberstand.
2. Erkläre den Unterschied zwischen der Haltung des Kaisers Galerius und der Haltung Kaiser Konstantins.
3. Spielt die Szene nach, in der Kaiser Konstantin seinen Heerführern verkündet, dass sie ein christliches Symbol auf ihre Schilde malen sollen. Überlege auch, welche Reaktionen von den Soldaten und Heerführern kommen können, die keine Christen sind.

VON DER VERFOLGTEN RELIGION ZUR STAATSRELIGION

SCHLAGLICHTER DER KIRCHENGESCHICHTE

Das Christentum wird Staatsreligion

Kaiser Theodosius I. erließ im Februar 380 das Edikt „Cunctos Populos" mit folgendem Wortlaut:

Wir wollen, dass alle Völker, die wir mild und maßvoll regieren, sich dieser Religion zuwenden, die der göttliche Apostel Petrus den Römern überliefert hat und wie sie es – von ihm kundgemacht – bis heute tut. Diesem Glauben folgt auch Papst Damasus ganz offen, sowie Bischof Petrus von Alexandria, ein Mann von apostolischer Heiligkeit. Das bedeutet, dass wir gemäß apostolischer Lehre und evangelischer Unterweisung an eine Gottheit des Vaters und des Sohnes und des Heiligen Geistes unter gleicher Majestät und heiliger Dreifaltigkeit glauben.

Wir befehlen, dass diejenigen, die diesem Gesetz folgen, die Bezeichnung „katholische Christen" erhalten. Die übrigen aber, die wir für toll und wahnsinnig halten, sollen die Schande häretischer Lehre ertragen. Ihre Versammlungsorte sollen auch nicht die Bezeichnung „Kirche" erhalten. Sie sind zunächst mit der göttlichen Vergeltung, danach auch durch unser Strafgericht zu bestrafen, das wir nach himmlischem Urteil empfangen haben.

1. Betrachte und beschreibe das Bild. Wie stehen die Personen zueinander?
2. Lies den obigen Text. Welchen Rang erhält das Christentum hier? Wie wird mit anderen Religionen verfahren?
3. Stelle die positiven wie negativen Folgen dieses Edikts für das Christentum heraus.
4. Erstelle ein Zeitleiste, beginnend bei Jesu Geburt und endend beim Edikt „Cunctos Populos". Trage darin besondere Ereignisse ein (z. B. Verfolgungen, Toleranzedikt usw.). Wähle einen geeigneten Maßstab.

Steckbrief: Theodosius I.
- römischer Kaiser (379–394 im Ost-Reich, 394 im gesamten Reich)
- lehnte den Titel „Pontifex Maximus" (Oberster Priester) ab, der den Kaisern üblicherweise zustand
- erster wahrer Katholik auf dem Kaiserthron
- ging als erster Kaiser gegen heidnische Beamte und Offiziere vor
- verbot die Olympischen Spiele, da sie der Verehrung heidnischer Götter dienten
- erhob das Christentum zur Staatsreligion: Wahrer Katholik sei nur, wer an den dreifaltigen Gott glaube. Alle anderen seien als Häretiker (Zweifler) zu bewerten.

VON DER VERFOLGTEN RELIGION ZUR STAATSRELIGION

SCHLAGLICHTER DER KIRCHENGESCHICHTE

Die Ausbreitung des Christentums im Mittelalter

Mit diesem Kapitel endet die Beschäftigung mit der Antike und dem Urchristentum, das Mittelalter tritt ins Zentrum der Betrachtung. Diese Epoche zieht sich von ca. 500–1500 hin und steht in Europa ganz im Zeichen des Christentums. Diese Religion bestimmt viele Entwicklungen, sie beeinflusst das Staatswesen, prägt den sozialen Umgang miteinander, ist maßgebend bei Gesetzen und Verfassungen. Aber zu Beginn des Mittelalters ist bei Weitem noch nicht ganz Europa zum Christentum bekehrt: Große Teile des heutigen Deutschlands sowie Gebiete Osteuropas glauben noch an Naturgötter und Sagengestalten. Erst mit Karl dem Großen im 8. und 9. Jahrhundert wird das Christentum dort weiter verbreitet. Einen großen Beitrag leisten auch Mönche, die aus Irland und Schottland auf das europäische Festland reisen, um die dortigen Menschen zu bekehren. Zwei Personen sind in Deutschland dabei besonders bekannt: Bonifatius, auch als Apostel der Deutschen bezeichnet, und Kilian, der Apostel der Franken. Die Geschichte um beide Personen soll näher beleuchtet werden.

Für alle Quellen dieser Zeit gilt: Sie sind in der Regel aus christlicher Sicht überliefert, somit ist davon auszugehen, dass keine neutrale Berichterstattung stattfand, sondern mit diesen Berichten zugleich das Christentum und die Macht Gottes verherrlicht werden sollte. Sehr positive Ausschmückungen sind also mit Vorsicht zu genießen.

Der heilige Patrick von Irland (S. 33)

Der heilige Patrick gilt als legendärer Vorläufer der iro-schottischen Mission. Er wird bis heute in Irland und den Gegenden, in denen viele Irisch-Stämmige leben, verehrt.

Kopieren Sie die Vorlage (zusätzlich) auf Folie.

1. Der Mann steht aufrecht da und blickt in die Ferne. In der linken Hand hält er einen Wanderstab (Zeichen für die Mission). Er trägt ein Bischofsgewand und eine Mitra (bischöfliche Zeichen). An seinem rechten Fuß liegen drei tote Schlangen, denn der Sage nach hat Patrick seine Missionsgebiete von Schlangen gesäubert. Da es dort aber keine Schlangen gibt, sind sie wohl bildlich als das Übel und der Aberglaube zu verstehen.
2. *Hier ist kein eindeutiger Lösungsvorschlag möglich, da sich Bischöfe unterschiedlich darstellen. Vielen gemeinsam ist aber die Darstellung mit einem Hirtenstab statt eines Wanderstabs. In der Regel tragen Bischöfe auch ein großes Kreuz umgehängt.*

Die Bewegung der iro-schottischen Mönche (S. 34)

Die iro-schottische Mission lief vom 4. bis 6. Jahrhundert unabhängig von Missionen ab, die ihren Ursprung in Rom hatten. Die Mönche, die ein sehr einfaches Klosterleben wählten, verbreiteten den Glauben zunächst auf den britischen Inseln, bevor sie auf das Festland kamen. Sie folgten dem Beispiel des heiligen Patrick. Bekannte Vertreter dieser Missionsbewegung sind Kolumban der Jüngere, Gallus und Kilian.

1. Sie hatten sich dem einfachen Leben verschrieben und dem festen Glauben an Gott. Sie sahen es als ihre von Gott gegebene Aufgabe, den Glauben in die Welt hinauszutragen.
2. *Hier wird eine individuelle, ehrliche und begründete Antwort der Schüler verlangt. Es ist zu erwarten, dass nur sehr wenige oder keine Schüler mit „Ja" antworten. Dies ist verständlich, da eine derartige Einstellung zum Glauben heute selten und unüblich ist.*
3. *Auch hier wird eine individuelle Antwort erwartet. Selten ist mit Zustimmung zu rechnen, da diese Lebensführung den Erwartungen und Wünschen Jugendlicher zuwiderlaufen dürfte.*

SCHLAGLICHTER DER KIRCHENGESCHICHTE

Bonifatius, Apostel der Deutschen (S. 35)

Bonifatius wird als Apostel der Deutschen bezeichnet, da er in weiten Teilen Deutschlands missionierte und so den christlichen Glauben verbreitete. Er gilt als einer der bekanntesten Missionare in Deutschland, sein Fällen der Donareiche ist legendär.

1. *Hier sollen die Schüler individuelle Comics gestalten, je nach Zeichenfähigkeit.*
2. Im ersten Bild wird im oberen Teil gezeigt, wie Bonifatius jemanden tauft. Im unteren Teil wird der Märtyrertod des Bonifatius dargestellt. Bonifatius ist an seinem Gewand und dem Heiligenschein zu erkennen. Im Mittelpunkt stehen die Verbreitung des Christentums und der Märtyrertod.
Im zweiten Bild wird Bonifatius mit wehendem Gewand und mit einer Axt dargestellt, die er hochreißt, um damit einen Baum zu fällen, bei dem es sich um die Donareiche handelt. Im Mittelpunkt steht der Beweis der Überlegenheit Gottes.
Im letzten Bild ist Bonifatius mit einer Axt in der linken Hand zu sehen. In der erhobenen rechten Hand hält er ein Kirchengebäude. Er trägt nicht die Kleidung eines Bischofs, sondern eine Mönchskutte, zudem ist er barfuß. Im Mittelpunkt stehen der Hinweis auf das Fällen der Donareiche, die Grundlage für die christliche Kirche in Deutschland durch sein Handeln sowie auf das einfache Leben, das er selbst als Mönch wohl führte.

Kilian, der Frankenapostel (S. 36)

In Franken wird bis heute der heilige Kilian als Überbringer des Christentums verehrt. Die Quellenlage über ihn ist mehr als dürftig, die Legenden über ihn dürften mehrheitlich nicht der historischen Wahrheit entsprechen. Dennoch bietet Kilian ein gutes Beispiel für einen mittelalterlichen Missionar, auch wenn er von der Nachwelt verklärt wurde. Denn es wird deutlich, dass nicht die bloße Predigt von Gott die heidnischen Menschen zum Umdenken bewegte, sondern dass die Mission auch eine Art Entwicklungshilfe für rückständige Gebiete war. Dadurch, dass die Missionare den Lebensstandard der Bevölkerung verbesserten, verschafften sie sich für ihre Ideen und Lehren Gehör.

1. Sie zeigten der Bevölkerung neue Methoden in Landwirtschaft, Forstwirtschaft und Viehzucht. Damit steigerten sie den Wohlstand und die Germanen fingen an, sich für alle Ideen der Missionare zu interessieren.
2. Typische Zahlen und Ereignisse (Beispiele):
   a) Zwölf Mitstreiter: Das entspricht der Zahl der Apostel in der Bibel.
   b) Bischof, Priester und Diakon: Drei verschiedene Ebenen der Weihe sind vertreten.
   c) Zahlreiche Taufen: Die Missionare sind erfolgreich.
   d) Bibel: Missionare setzen Waffengewalt nur das Wort Gottes entgegen. Sie sterben als Märtyrer.
   e) Wahnsinn: Gottes Strafe für den Mord an Christen wird oft mit Wahnsinn und Verblendung dargestellt.
   f) Selbstmord: Auch Judas, der Jesus verraten hat, hat sich anschließend selbst getötet.
   g) Scheuende Pferde: Zu hinterfragen ist, warum Pferde scheuen, wenn unter dem Stall tote Menschen liegen.

Die Kreuzzüge – eine Internetrecherche (S. 37)

Die Kreuzzüge stellen ein spannendes Kapitel des Mittelalters dar. Es wird oft von Helden berichtet, die mutig gegen die Ungläubigen ins Feld zogen, teilweise Schlachten gewannen, oft aber auch verloren, die für ihren Glauben gestorben sind. In Abbildungen sind Ritter in strahlenden Rüstungen zu sehen, schnell daher reitend auf gewaltigen Schlachtrössern. Dass dies wohl kaum der historischen Wahrheit entsprochen haben mag, wird erst bei näherer Betrachtung klar: Die Reise ins Heilige Land war ein Gewaltakt, bei dem oft der Großteil des Heeres total erschöpft und/oder erkrankt war, sodass sehr viele Soldaten bereits unterwegs starben. Die Schlachten waren grausam und blutig, sie konnten sich gar über viele Jahre hin-

DIE AUSBREITUNG DES CHRISTENTUMS IM MITTELALTER

SCHLAGLICHTER DER KIRCHENGESCHICHTE

ziehen. Unvorstellbares Leid war in der Regel die Folge, da sich die angestaute Wut der Sieger auch gegen die Zivilbevölkerung richtete. Von grausamen Blutbädern an Alten, Frauen und Kindern ist in den Quellen die Rede. Nicht zuletzt wird hier auch die Ansicht verherrlicht, dass es heldenhaft sei, seinen Glauben gewaltsam unter Andersgläubigen zu verbreiten.

Die Schüler sollen anhand einer Internetrecherche einen groben Überblick über die Zeit der Kreuzzüge erhalten, die Motivation der Teilnehmer kennenlernen, sich aber auch Gedanken über den Sinn und Unsinn dieser Kriege machen.

Es ist nötig, dass jeder Schüler Zugang zu einem Computer mit Internetanschluss hat. Sollte die zur Verfügung stehende Zeit nicht zur Bearbeitung aller Aufgaben ausreichen, so ist es sinnvoll, die Schüler in Gruppen aufzuteilen, um die Aufträge arbeitsteilig zu erledigen.

1. a) 1. Kreuzzug: 1096–1099; 2. Kreuzzug: 1147–1149; 3. Kreuzzug: 1189–1192; 4. Kreuzzug: 1202–1204; 5. Kreuzzug: 1217–1229; 6. Kreuzzug: 1248–1254; 7. Kreuzzug: 1270.
   b) Ziel der Kreuzzüge war jeweils das Heilige Land, in dem Jesus wirkte.
   c) Am häufigsten war Jerusalem das Ziel der Kreuzzüge, da dort die Todesstätte Jesu liegt.
2. Papst Urban II. rief die Christen 1095 zum Kreuzzug ins Heilige Land auf. Dort sollten die Muslime vertrieben und Jerusalem erobert werden.
3. Die Kreuzfahrer glaubten, den Willen Gottes zu erfüllen. Sie erhofften eine Erlassung ihrer Sünden. Sie glaubten, dass die Muslime sehr grausam gegen die christliche Bevölkerung vorgingen und selbst Wallfahrer nicht verschonen. Zunehmend traten auch wirtschaftliche Interessen auf: Man hoffte auf eine große Kriegsbeute. Adelige, nicht erbberechtigte Söhne spekulierten im Heiligen Land auf eigene Ländereien. Die einfache Bevölkerung hoffte, dem kargen und elenden Leben in der Heimat entfliehen zu können. Verbrecher und Gesetzlose konnten mit der Teilnahme am Kreuzzug ihrer Strafe entgehen.
4. Die vier neuen Kreuzfahrerstaaten waren das Königreich Jerusalem, das Fürstentum Antiochia, die Grafschaft Edessa und die Grafschaft Triplis. Die Staaten lagen an der Ostküste des Mittelmeeres und sicherten die Nachschubwege ins Heilige Land.
5. Nicht-Christen werden umgebracht, das Umland der eroberten Städte geplündert, in Hungerperioden werden heidnische Personen gekocht und verspeist. In Jerusalem wurden Einwohner aller Gruppierungen abgeschlachtet.
6. Saladin ging human mit der Zivilbevölkerung um, ein Massenmord fand nicht statt.
7. *Hier wird eine individuelle, gut begründete Stellungnahme zum Thema Kreuzzüge erwartet.*

SCHLAGLICHTER DER KIRCHENGESCHICHTE

Der heilige Patrick von Irland

1. Beschreibe die Statue genau.
2. Vergleiche den dargestellten Bischof mit dem Bischof deines Bistums. Worin erkennst du Gemeinsamkeiten bzw. Unterschiede?

DIE AUSBREITUNG DES CHRISTENTUMS IM MITTELALTER

SCHLAGLICHTER DER KIRCHENGESCHICHTE

Die Bewegung der iro-schottischen Mönche

Wie so viele Geschichten liegen auch bei den iro-schottischen Mönchen und ihrem Vorbild Patrick von Irland die Wurzeln im Dunkeln. Aus verschiedenen Quellen kann man erschließen, dass dieser Patrick Ende des 4., Anfang des 5. Jahrhunderts entweder als Sohn eines römischen Offiziers geboren, christlich erzogen und nach Irland verschleppt wurde oder aber als heidnischer Sklave nach Irland kam und Christ wurde. Der Sage nach gelang ihm die Flucht von der Insel, später soll er als Bischof nach Irland zurückgeschickt worden sein, um die Heiden dort zum Christentum zu bekehren.
In Irland gründete Patrick Klöster, Schulen und Kirchen. Er überzeugte viele Iren vom christlichen Glauben und verbreitete seine Bildung. Heute wird sein Todestag in Irland als Nationalfeiertag gefeiert. Auch in Gegenden außerhalb der Insel, in denen viele Iren leben, wird der St. Patrick's Day feierlich begangen.

Das Wirken Patricks strahlte noch lange Zeit aus: Ab dem Jahr 590 verließen irische Mönche die Insel, um den Glauben auf dem europäischen Festland zu verbreiten. Sie verließen ihre Familien und Freunde und zogen alleine oder in kleinen Gruppen in Gebiete und Länder, die ihnen fremd waren und von deren Existenz sie nur aus Erzählungen wussten. Ihre Motivation nennt man „Peregrinatio pro Christo" (Pilgerschaft um Christi willen).
Auf dem Festland gründeten sie oft Klöster, um in Askese zu leben. Durch ihre Lebensweise konnten sie häufig die Menschen in ihrem Umfeld von der Überlegenheit des christlichen Glaubens überzeugen, manchmal sahen sie sich aber auch mit Gefahren konfrontiert: Manche Missionare wurden wegen ihres Glaubens umgebracht oder gar öffentlich hingerichtet. Teilweise mussten sie gewagte Wetten eingehen, um die Macht des Christengottes zu beweisen. Schließlich setzte das Christentum aber seinen Siegeszug fort und konnte sich in ganz Europa ausbreiten.

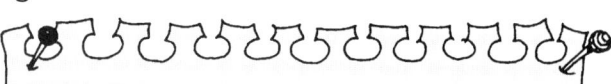

Askese

Askese stammt aus dem Griechischen und bedeutet „Übung". Ein Asket sollte sich üben, diszipliniert und tugendhaft zu sein. Dazu gehört auch, nicht von irdischen Gütern (außer den lebensnotwendigen) abhängig zu sein. Im Christentum verbindet man damit oft auch die Unterdrückung natürlicher Triebe und sexuelle Enthaltsamkeit.
Ziel dieser Askese im Christentum ist es, Vollkommenheit im christlichen Sinne anzustreben.

1. Lies den Text. Mutmaße, warum die irischen Mönche wohl den Wunsch hatten, ihren Glauben in Gebiete zu tragen, die sie gar nicht kennen.
2. Begründe, ob du es für möglich hältst, dass du deine Familie, deine Freunde und deine Heimat verlässt, um anderen Menschen zu zeigen, wie toll deine Religion ist. Hinterfrage dich, ob es dir aus anderen Gründen möglich wäre.
3. Erläutere, ob ein Leben in Askese für dich vorstellbar wäre.

SCHLAGLICHTER DER KIRCHENGESCHICHTE

Bonifatius, Apostel der Deutschen

Bonifatius, geboren als Winfried um das Jahr 673 in England, kam als geweihter Priester auf das europäische Festland, um dort Heiden zu missionieren. Dazu hatte er die Unterstützung des Herrschergeschlechts und er erhielt dafür von Papst Gregor II. einen offiziellen Auftrag. Somit zog er sowohl mit königlichem als auch mit päpstlichem Schutz durch das Frankenreich, um das Christentum zu verbreiten.

Eine Geschichte über Bonifatius fällt auf: Im nordhessischen Geismar (heute ein Ortsteil von Fritzlar) soll eine Eiche gestanden haben, die dem Gott Thor (oder auch Donar) heilig war und von den Menschen verehrt wurde. Bonifatius ließ sie fällen, um die Macht des christlichen Gottes über die heidnischen Götter zu beweisen. Das Volk beobachtete die Tat und wartete auf eine Reaktion Thors – aber diese blieb aus. Aus dem Eichenholz ließ Bonifatius ein Oratorium bauen.

In Bayern, Mainfranken und Thüringen ordnete Bonifatius die kirchlichen Verhältnisse neu und gab ihnen eine feste Struktur. Im Alter von über 80 Jahren zog er noch einmal nach Friesland, um auch dort die Heiden zu bekehren. Doch dazu kam es nicht: Zusammen mit seinen Begleitern wurde er 754 (oder 755) erschlagen und gilt seitdem als Märtyrer. Da Bonifatius in weiten Teilen des heutigen Deutschlands tätig war, dadurch Entscheidendes zur Kirchenstruktur beitrug und viele Menschen bekehrte, gilt er heute als der Apostel der Deutschen und wird vielfach verehrt. Von ihm sind besonders viele Abbildungen zu finden:

1. Gestalte einen Comic, wie Bonifatius die Donareiche in Geismar fällt. Denke dabei auch an die umstehenden Leute und ihre Reaktionen.
2. Vergleiche die drei Abbildungen zu Bonifatius. Was stellen sie jeweils in den Mittelpunkt?

SCHLAGLICHTER DER KIRCHENGESCHICHTE

Kilian, der Frankenapostel

1 Kilian stammte der Überlieferung nach aus einer vornehmen iro-schottischen Familie. Er schloss sich der Klosterregel von Kolumban an, suchte zunächst die Einsamkeit auf, studierte dann die Wissenschaften seiner Zeit, erhielt die Bischofsweihe und pilgerte schließlich nach Rom, um die Bestätigung zu erhalten, Glaubensbote zu sein.

5 Mit seinen zwölf Mitstreitern, darunter der Priester Kolonat und der Diakon Totnan, zog er nach Germanien, um für den christlichen Glauben zu werben. Es sei die schöne Lage von Würzburg gewesen, die Kilian veranlasste, dort zu bleiben. Geschätzt waren Kilian und seine Mitstreiter zunächst vor allem wegen ihrer praktischen Kenntnisse hinsichtlich des Ackerbaus, der Holzwirtschaft und der Viehzucht – die von Irland ausgehende Mis-
10 sionsbewegung war immer auch ein Stück Kultivierung und Zivilisierung des bis dahin rückständigen Mitteleuropas.

Mit steigendem Wohlstand wuchs bei den Germanen die Bereitschaft, sich mit der neuen Religion auseinanderzusetzen. Zahlreiche Taufen waren die Folge. Auch Herzog Gozbert ließ sich der Überlieferung nach von Kilian taufen. Von Kilian wurde er wegen
15 seines Lebenswandels kritisiert: Er verlangte von Gozbert, sich von der Witwe seines Bruders namens Gailana zu trennen – eine Heirat der verwitweten Schwägerin war nach römischem Recht erlaubt, nicht jedoch nach kirchlichem. Gozbert erfüllte die Forderung, Gailana aber verzieh das Kilian nicht. Als ihr Mann auf einem Kriegszug war, ließ sie Kilian mit seinen Gefährten Kolonat und Totnan im Jahr 689 beim nächtlichen Gebet in deren
20 Unterkunft überraschen. Den gezückten Schwertern streckten Kilian, Kolonat und Totnan die Bibel entgegen. Die Täter ließen sich davon freilich nicht beeindrucken – wie noch heute an den Flecken auf dem Bucheinband in der Würzburger Universitätsbibliothek zu sehen ist. Die Mörder verwischten alle Spuren des Überfalls, verscharrten die Leichen und ließen darüber einen Pferdestall errichten, den die Pferde aber scheuten.
25 Dem vom Krieg heimkehrenden Gozbert sollen die vom Wahnsinn geschlagenen Mörder die Tat gestanden und eine Einsiedlerin, die die blutgetränkte Erde gesammelt hatte, ihm den Ort des Frevels gewiesen haben. So wurden die Leichen – auf wundersame Weise unversehrt – aufgefunden. Der Mörder Kilians beging geistig umnachtet Selbstmord, die Anstifterin starb im Wahnsinn. Ihr Mann wurde ermordet. Das Volk sah darin einen
30 Beweis der Kraft der neuen Religion und bekehrte sich zum Christentum.

Diese Geschichte entstammt Heiligenlegenden. Nur sehr wenige Punkte können als historisch gesichert angesehen werden, selbst der Name „Kilian" ist zweifelhaft. Trotzdem ist sie eine typische Geschichte für das Wirken der iro-schottischen Missionare und der Ausbreitung des Christentums in Germanien.

1. Erläutere, wie es Kilian und seine Anhänger schaffen, die Germanen für das Christentum zu interessieren.
2. Finde typische bzw. auffällige Zahlen oder Ereignisse im Text, die darauf schließen lassen, dass es sich um eine Ausschmückung handelt und nicht zwingend der Wahrheit entsprechen muss.
Tipp: Einige dieser Punkte sind bereits unterstrichen. Versuche sie zu erklären.

SCHLAGLICHTER DER KIRCHENGESCHICHTE

Die Kreuzzüge – eine Internetrecherche

Zwischen 1095 und dem 13. Jahrhundert fanden mehrere Kreuzzüge statt. Seit dem 7. Jahrhundert hatte sich nämlich im Nahen Osten der Islam ausgebreitet, eine mit dem Christentum konkurrierende Religion. Auch die Gebiete, in denen Jesus lebte, predigte und starb, standen unter der Kontrolle islamischer Herrscher. Selbst europäische Staaten waren von der Bedrängung der Moslems betroffen. Man plante also die Verteidigung des Christentums, indem man Jerusalem erobern wollte.
Um die Geschichte und Motivation der Kreuzzüge besser zu verstehen, versuche mithilfe einer Internetrecherche die unten stehenden Aufträge zu bearbeiten. Auskünfte findest du u. a. auf folgenden Seiten:
www.planet-wissen.de (Suchbegriff: Kreuzzüge)
www.leben-im-mittelalter.net
www.wikipedia.de (Suchbegriffe: Kreuzzüge, Kreuzfahrerstaaten, Erster Kreuzzug, Belagerung von Jerusalem 1099, Königreich Jerusalem)

Notiere deine Ergebnisse sorgfältig auf einem leeren Blatt. Vergiss die Nummerierung nicht, um die passende Antwort zur entsprechenden Aufgabe wiederzufinden.

1. Man unterscheidet heute zwischen sieben verschiedenen Kreuzzügen.
    a) Gib die Jahreszahlen zu den Kreuzzügen an.
    b) Zeige auf, in welches Gebiet die Kreuzritter jeweils zogen.
    c) Nenne die Stadt, die am häufigsten als Ziel ausgegeben wurde. Mutmaße, warum das so war.
2. Finde heraus, wie es zum ersten Kreuzzug kam. Wer gab den „Startschuss"?
3. Erkläre, warum die Kreuzritter bereit waren, an solch einem waghalsigen und äußerst kostspieligen Unternehmen teilzunehmen.
4. Die Kreuzfahrer errichteten nach dem 1. Kreuzzug neue Staaten. Finde heraus, wie sie hießen, wo sie lagen und welchem Zweck sie dienten.
5. Die Kreuzfahrer des 1. Kreuzzuges brachen unter anderem auf, weil sie Berichte von der grausamen Behandlung der Christen im Heiligen Land gehört hatten. Verfolge nach, wie die christlichen Kreuzfahrer mit den muslimischen Bewohnern der eroberten Städte umgingen.
6. Nachdem Jerusalem 1099 erfolgreich erobert worden war, entstand dort das Königreich Jerusalem. 1187 wurde Jerusalem von Saladin erobert. Vergleiche sein Verhalten gegenüber den Christen mit dem Verhalten der Kreuzfahrer gegenüber den Moslems.
7. Setze dich abschließend mit dem Thema der Kreuzzüge auseinander und verfasse ein kurzes Statement dazu. Du könntest in diesem Statement darauf eingehen, ob du die Kreuzzüge sinnvoll fandest oder nicht, ob es gerecht war, das Christentum mit Gewalt zu verbreiten usw. Beachte dabei deine bereits erarbeiteten Ergebnisse.

DIE AUSBREITUNG DES CHRISTENTUMS IM MITTELALTER

SCHLAGLICHTER DER KIRCHENGESCHICHTE

Kirchliches Leben im Mittelalter

Wie bereits im Vorkapitel erwähnt, beeinflusste das Christentum das alltägliche Leben im Mittelalter: Kirchenmänner übten auch weltliche Macht aus, sodass es ein wechselweise verdecktes und offenes Konkurrieren zwischen Papst und Kaiser oder auch zwischen mehreren Päpsten gab. Klöster übten die Herrschaft über weite Landstriche aus, der kirchliche Kalender regelte das Arbeitsleben.

In diesem Kapitel sollen einzelne Aspekte näher betrachtet werden: Wie sah es mit Ordensgründungen aus? Wie gestaltete sich das Klosterleben? Welchen Einfluss hatten Klöster auf ihr Umfeld? Exemplarisch wird Franz von Assisi als Ordensgründer vorgestellt. Auch negative Auswirkungen sollen nicht verschwiegen werden: Unter dem Deckmantel der christlichen Glaubenslehre wurden Männer und Frauen als Hexen verfolgt und grausam hingerichtet. Dieses Prozedere zog sich bis in die frühe Neuzeit hin.

Ordensgründungen (S. 42)

Nach der Einteilung mancher Historiker beginnt das Mittelalter mit der Gründung des ersten christlichen Klosters im Jahre 529 auf dem Monte Cassino durch Benedikt von Nursia. Für die nächsten 1000 Jahre sollten Klöster auch eine wichtige Größe bleiben, da von ihnen sowohl Bildung, wirtschaftliche Kraft wie auch Regierungsgewalt ausgingen.

Auf dem vorliegenden Arbeitsblatt sollen die Schüler eine kleine Auswahl erhalten, welche Orden im Verlauf des Mittelalters gegründet wurden.

1. Gemeinsam ist allen Orden, dass sich die Ordensbrüder einem gemeinsamen Ziel verschreiben und eine gemeinsame Lebensweise anstreben, um gottgefällig zu leben. Dazu beziehen die ersten drei (außer den Dominikanern) eigene Lebensräume (Klöster). Alle Orden wählen eine eigene Tracht, die sich aber farblich unterscheidet, wobei es Überschneidungen gibt (Benediktiner und Dominikaner: schwarz; Kartäuser und Zisterzienser: weiß). Die Zisterzienser und die Benediktiner stimmen vom Grundgedanken überein, da sich beide nach derselben Ordensregel richten, die Zisterzienser allerdings an ein bestimmtes Kloster gebunden sind und zentralistischer geführt werden.
Unterschiede: Die Kartäuser sind im Gegensatz zu den anderen drei Eremiten, die die Einsamkeit suchen. Die Dominikaner sind der einzige Wander- und Bettelorden, außerdem sind sie die einzigen Mönche, die sich dem Kampf gegen die Häresie verschreiben und die sich demokratisch strukturieren.

2. *(Teilweise Überschneidung mit Aufgabe 1)* Die Dominikaner stechen insofern heraus, als sie demokratisch strukturiert und ihre Ämter nur auf Zeit vergeben sind. Sie haben kein festes Kloster, sie verschreiben sich dem Kampf gegen die Häresie und beteiligen sich an der Inquisition. Sie sind auch der am spätesten gegründete Orden (in dieser Vierergruppe).

3. *Mögliche Gründe sind:*
Begeisterung für die Idee der Mönche: Streben nach einem gottgefälligen Leben, sein Leben dem Dienst am Nächsten widmen, Streben nach der Verbreitung des richtigen Glaubens, Abkehr vom alltäglichen Leben
Damals war sicher noch ein häufiger Grund, dass man als Mönch oder Nonne ein festes Auskommen hatte und selten Hungersnöte fürchten musste. Außerdem konnte man die „Karriereleiter" emporsteigen, da Äbte keinen geringen Einfluss hatten. Teilweise wurden Kinder zwangsweise ins Kloster geschickt, weil das Erbteil für sie zu klein gewesen wäre oder weil sie in der Erbfolge nicht berücksichtigt werden sollten.

Die Regel des Benedikt (S. 43)

Die Regula Benedicti stellt eine Ordnung für die Mönche dar, um das Zusammenleben im Kloster zu ermöglichen. Benedikt war darauf bedacht, erfahrene und junge Mönche zu mischen und die Gottesverehrung in den Mittelpunkt des Ordenslebens zu stellen. Von den 73 Kapiteln findet sich ein kleiner Bruchteil auf dem vorliegenden Arbeitsblatt wieder.

SCHLAGLICHTER DER KIRCHENGESCHICHTE

1. *Es sind individuelle Überschriften erwünscht. Möglich wäre beispielsweise:* Das Schweigen am Abend – Strafen bei Vergehen – Regelung des Küchendienstes
2. *1. Absatz:* Benedikt fordert, dass die Mönche nach der Komplet (also am Abend) schweigen und sich nicht mehr unterhalten dürfen.
2. Absatz: Es werden Strafen erwähnt, die Brüdern angedeihen sollen, die sich nicht an die Regeln halten. Jeder Strafe geht aber eine zweimalige Ermahnung zuvor, um den Mönchen Gelegenheit zur Besserung zu geben. Benedikt führt hier explizit die Strafe des Ausschlusses von den Mahlzeiten auf: Dies bedeutet aber, dass der Bestrafte sein Essen zu einem späteren Zeitpunkt einnehmen muss, nicht, dass er gar nichts erhält.
3. Absatz: Es wird die genaue Anweisung zum Küchendienst gegeben: Jeder (außer Kranke) soll diesen eine Woche übernehmen, die Geräte am Wochenende ordentlich säubern, den Mitbrüdern die Hände und Füße waschen. Dafür erhält er an Fasttagen mehr zu essen, an Festtagen aber als letzter.
Möglicherweise sind die Schüler verwundert, dass es sich um alltägliche Ereignisse handelt, die in der Regula Benedicti beschrieben werden und dass mit den Mönchen recht milde und nachsichtig umgegangen wird. Gott wird kaum erwähnt in diesen Absätzen.

Franz von Assisi – ein Ordensgründer (S. 44)

Ein bekannter Ordensgründer des Hochmittelalters war Franz von Assisi, der im 12./13. Jahrhundert lebte und dessen Lebensgeschichte der Paulusgeschichte ähnelt: Ein reicher Kaufmannssohn lebt ausschweifend und kann den Reichtum seiner Eltern genießen, stellt dann aber durch ein Bekehrungserlebnis sein Leben auf den Kopf.

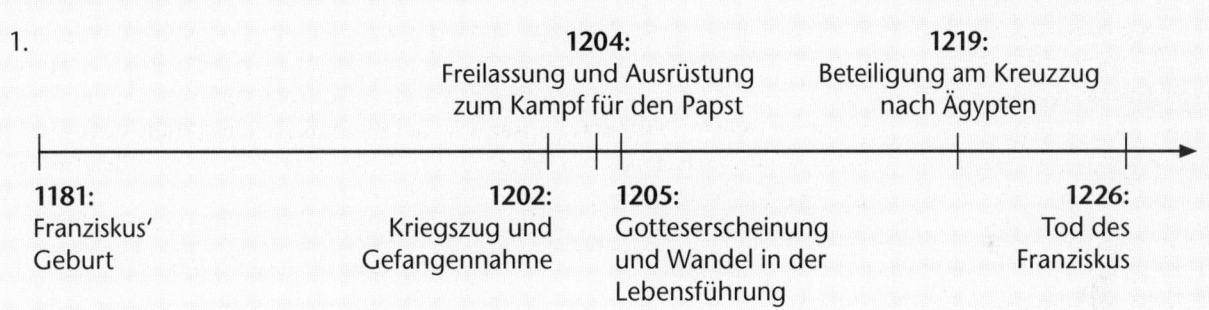

1.

	1204: Freilassung und Ausrüstung zum Kampf für den Papst		**1219:** Beteiligung am Kreuzzug nach Ägypten	
1181: Franziskus' Geburt	**1202:** Kriegszug und Gefangennahme	**1205:** Gotteserscheinung und Wandel in der Lebensführung		**1226:** Tod des Franziskus

2. Franziskus hatte durch seinen Kriegszug und seine Gefangenschaft ein einschneidendes Erlebnis, das sein Leben veränderte. Seine Vorbilder, die hehren Ritter, verloren ihre Ausstrahlung für Franz. Durch den Befehl Gottes an ihn erhielt er einen neuen Lebenssinn, für den er keine privaten Reichtümer benötigte.
3. Vielleicht haben auch die Anhänger des Franziskus erkannt, dass sich ihr Leben durch Geld nicht verbessert und sie in Armut einen besseren Lebenssinn finden. Möglicherweise strahlte Franziskus in seiner Predigt und in seinem Handeln auch eine Begeisterung aus, welche andere Menschen überzeugte.

Idealer Grundriss eines mittelalterlichen Klosters (S. 45)

Der vorliegende Plan eines Klosters stammt aus St. Gallen. Er gilt als der idealtypische Aufbau eines mittelalterlichen Klosters. Auf der Originalvorlage finden sich genaue Abmessungen der einzelnen Gebäude, Mauern und Wege. Anhand dieses Plans sollen die Schüler sich mit dem mittelalterlichen Kloster auseinandersetzen und dabei erkennen, dass zu einer Gemeinschaft mehr gehört als lediglich eine Ansammlung von Zimmern, in der die Mönche vor sich hin leben. Der Grundriss verfügt über keine Benennung der einzelnen Häuser, die wichtigsten davon können aber aufgrund ihrer Form erkannt werden.

Kopieren Sie die Vorlage (zusätzlich) auf Folie.

KIRCHLICHES LEBEN IM MITTELALTER

SCHLAGLICHTER DER KIRCHENGESCHICHTE

- rechteckige Bauform, Gelände von einer Mauer und Graben umschlossen, nur ein Zugang im Westen, mit Zugbrücke gesichert
- perfekte Ausrichtung in die einzelnen Himmelsrichtungen
- Kirche als zentrales Gebäude (Achse nach Osten gerichtet, ins Heilige Land) mit Wohngebäude und Wandelgang für die Mönche im Süden (zu erkennen am rechteckigen Innenhof)
- weiteres Gebäude mit Kreuz östlich des Kirchenschiffs, mit quadratischem Anbau und Wandelgang, Gebäude für die Novizen, südlich davon der Friedhof
- übrige Gebäude sind Wirtschaftsgebäude (Ställe, Lagerräume, Handwerkshäuser usw.) oder Häuser für Gäste

Einerseits wirkt alles sehr kompakt (→ möglichst kurze Verteidigungsmauer), auf der anderen Seite sehr durchdacht und mit ausreichend breiten Wegen zwischen den einzelnen Gebäuden.

Die Bedeutung der mittelalterlichen Klöster (S. 46)

Nachdem die Schüler den Grundriss eines idealen Klosters kennengelernt haben, soll es ihnen anhand des vorliegenden Arbeitsblattes auch ermöglicht werden, die Bedeutung einer Klosteranlage zu verstehen. Dabei wird klar, dass aus den idealen Lebensgemeinschaften weit mehr erwachsen ist als eine Gruppe, die auf ihre besondere Art und durch ihre Lebensweise Gott verehren möchte. Die Mönche erhielten im Laufe der Zeit Einfluss auf ganze Landstriche, die sie nach mittelalterlicher Manier verwalteten.

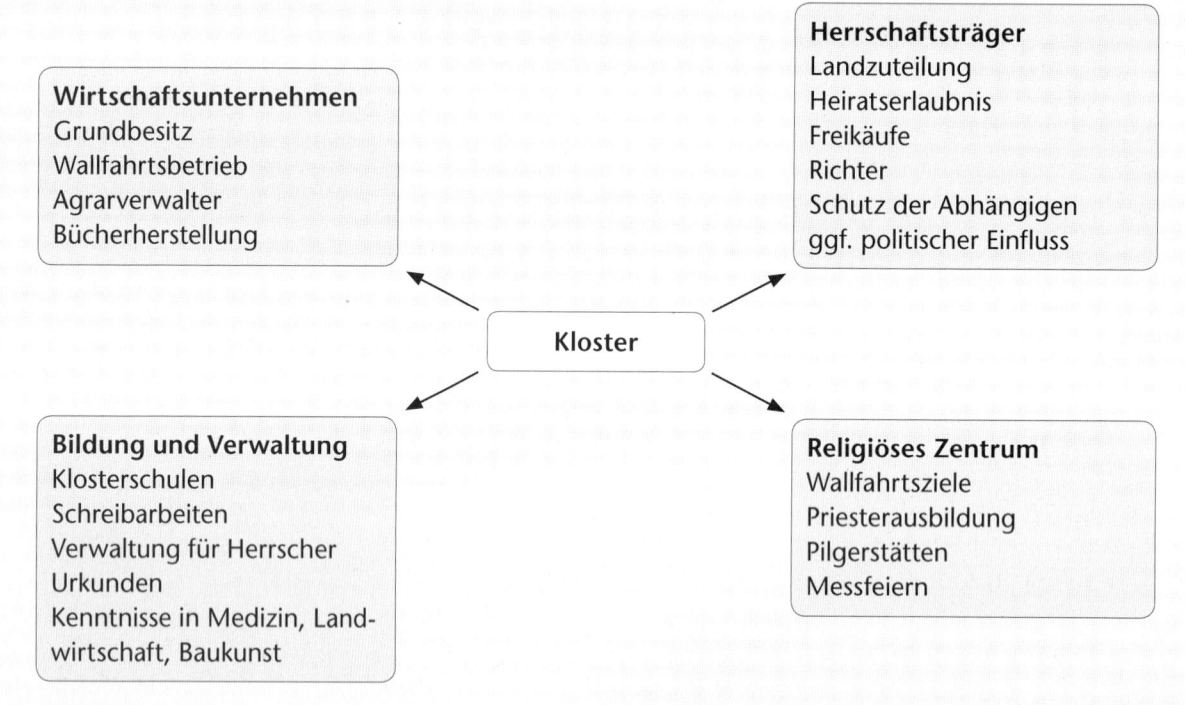

Wirtschaftsunternehmen
Grundbesitz
Wallfahrtsbetrieb
Agrarverwalter
Bücherherstellung

Herrschaftsträger
Landzuteilung
Heiratserlaubnis
Freikäufe
Richter
Schutz der Abhängigen
ggf. politischer Einfluss

Kloster

Bildung und Verwaltung
Klosterschulen
Schreibarbeiten
Verwaltung für Herrscher
Urkunden
Kenntnisse in Medizin, Landwirtschaft, Baukunst

Religiöses Zentrum
Wallfahrtsziele
Priesterausbildung
Pilgerstätten
Messfeiern

Hexenszene um 1700 (S. 47)

Ein für Schüler spannendes Thema ist die Hexenverfolgung. Diese fand im Spätmittelalter und der frühen Neuzeit statt. Stets begleitete das Thema „Hexen und Magier" die Kinderliteratur. Wir finden Elemente im Märchen (Hänsel und Gretel) oder in ganz aktuellen Büchern, beispielsweise in der Harry-Potter-Reihe. Zum Einstieg in das Thema erhalten die Schüler ein Bild, wie sich ein Maler um 1700 das Wirken von Hexen vorgestellt hat.

Kopieren Sie die Vorlage (zusätzlich) auf Folie.

KIRCHLICHES LEBEN IM MITTELALTER

Schlaglichter der Kirchengeschichte

Das sehr detaillierte Bild zeigt im Vordergrund eine Frau, die am Tisch sitzt und in einem Mörser verschiedene Flüssigkeiten mixt. Neben ihr am Tisch sitzt ein satanisches Wesen mit scharfen Zähnen, stark behaart und mit Fledermausflügeln. Zwischen den beiden befindet sich eine weitere Kreatur, die nur schlecht zu erkennen, aber definitiv nicht menschlichen Ursprungs ist. Die Frau blickt eher grimmig drein. Rechts vorne finden sich verschiedene Elemente okkulter Handlungen, z. B. ein Kreis mit Zeichen, ein Totenschädel, eine Lampe, Karten und eine Sanduhr. Im Hintergrund ist eine weitere Frau zu erkennen, die hinter einer nackten Person kniet, die wiederum einen Besen zwischen den Beinen hat. Die kniende Frau scheint der nackten etwas vorzulesen. Vor den beiden Personen brennt ein helles Licht. Um sie herum sind seltsame Wesen angeordnet: fliegende Pferde, Fische, Vögel und Fantasiewesen, die der Hölle entsprungen zu sein scheinen.
Das Bild wirkt insgesamt düster, die Atmosphäre ist schaurig, unfreundlich.

Hexen und Zauberer (S. 48)

Nicht nur die Maler um 1700 haben eine Vorstellung von Hexen, sondern auch die Schüler können mit dem Begriff durchaus etwas anfangen. Allerdings dürften die Vorstellungen konträr sein. Verstand man vor Jahrhunderten unter Hexen Personen, die mit dem Teufel im Bunde waren und als Hexen entlarvt wurden, weil sie unübliche und unerklärliche Dinge taten (Fähigkeiten in der Heilkunst besitzen, Krankheiten ohne fremde Hilfe überstehen usw.), so dürfte das Hexenbild der Schüler positiver konnotiert sein. Denn in modernen Geschichten sind Hexen und Zauberer nicht zwangsweise böse Personen.

Die Schüler sollen alles, was ihnen zu Hexen und Zauberern einfällt, um die abgebildete Hexe aufschreiben. Ebenso alle Hexen und Zauberer, die ihnen aus Literatur, Fernsehen usw. bekannt sind. Häufig werden sich Personen aus dem Harry-Potter-Universum genannt werden, evtl. auch Bibi Blocksberg, die kleine Hexe (Otfried Preußler) sowie Zauberer aus der Welt des „Herrn der Ringe".
Es bietet sich im Anschluss ein Vergleich an zwischen den Ergebnissen der Schüler und dem Bild aus dem Jahr 1700.

Die Hexenverfolgung – ein Zeichen von Hilflosigkeit? (S. 49)

Die systematische Hexenverfolgung setzte mit dem Aufkommen der Inquisition ein. Sie folgte eigenen Regeln und wich in vielen Teilen auch von den reichsweit geltenden Prozessordnungen ab – zumindest wurde die brutalere Herangehensweise wenig kritisiert. Spätestens mit dem 1486 veröffentlichten „Hexenhammer" wurde die Hexenverfolgung legitimiert. So zeigt sich deutlich, dass auch am Ende des Mittelalters (welches man gemeinhin bis ca. 1500 dauern lässt) die Menschen im Namen Christi grausame Taten begingen und hierbei kein aufgeklärtes Handeln zu finden war.

1. Man beschuldigte andere Frauen (und teilweise auch Männer) der Hexerei, wenn unvorhergesehene, meist negative Ereignisse stattfanden, die man sich nicht anders erklären konnte als durch Hexerei. Oder aber man wurde von einer Person als Hexe bezeichnet, an der die peinliche Befragung vollzogen wurde und die gezwungen war, andere Hexen zu nennen.
2. *Jeder Schüler soll zu einem eigenen, begründeten Urteil kommen. Es ist aber festzuhalten, dass die Verfahren in keiner Weise fair gegenüber den Angeklagten waren:* Im Grunde wurden so lange die Folterqualen angewandt, bis man ein Geständnis hatte, das den Gepeinigten weitere Folterqualen ersparten, aber nichts mit der Realität zu tun hatten. Zudem herrschte der Grundsatz, dass die beklagte Person schuldig war, bis sie ihre Unschuld bewiesen hatte – also umgekehrt als es heute der Fall sein sollte.
3. Die meisten Landstriche sind heutzutage aufgeklärt und können durchaus logische Erklärungen für Ereignisse finden. Es ist nicht mehr nötig, andere Menschen der Hexerei zu bezichtigen. Außerdem haben die Kirchen in sehr vielen Ländern einen weitaus geringeren Einfluss auf das Staatswesen und die Bevölkerung, als es im Mittelalter der Fall war. In Deutschland beispielsweise sind Staat und Kirche in fast allen Fällen strikt getrennt, kein Priester könnte sich in einen Strafprozess einmischen und veranlassen, dass kirchliche Regelwerke zur Urteilsfindung herangezogen werden.

Kirchliches Leben im Mittelalter

SCHLAGLICHTER DER KIRCHENGESCHICHTE

Ordensgründungen

Im Verlauf des Mittelalters entstanden eine Reihe von christlichen Orden, die sich in Europa ausbreiteten. Als Orden bezeichnet man eine Lebensgemeinschaft, die sich einem gemeinsamen Regelwerk für die Lebensführung unterwirft. Ziel dieser Gemeinschaft ist es, ein spirituelles Leben zur Verehrung Gottes zu führen. Mitglieder eines Männerordens werden Mönche genannt, bei einem Frauenorden heißen sie Nonnen. Normalerweise leben die Mitglieder eines Ordens in einem Kloster zusammen. Teilweise existieren auch Eremiten, also Menschen, die abseits jeder Gemeinschaft ein Leben in Einsamkeit führen wollten. Im Folgenden findest du eine Übersicht über ausgewählte Orden, die im Mittelalter gegründet wurden. Mittlerweile können sich die Lebensgewohnheiten der einzelnen Orden von denen zur Gründungszeit unterscheiden:

Die Benediktiner
- gegründet um 529 von Benedikt von Nursia
- Leben in Abgeschiedenheit in Klöstern
- Wahlspruch: Ora et labora![1]
- Streben nach Vollkommenheit
- abgelegte Gelübde: Beständigkeit der Gemeinschaft, klösterlicher Lebenswandel und Gehorsam
- schwarzer Habit (Kleidung)

Die Kartäuser
- gegründet 1084 von Bruno von Köln
- Leben als Einsiedler in einzelnen Eremitagen[2], die eine gemeinsame Kirche hatten
- Gott durch Schweigen finden
- keine eigene Ordensregel
- weißer Habit

Die Dominikaner
- gegründet 1216 von Dominikus
- Bettelmönche und Wanderprediger
- fühlen sich dem Kampf gegen die Häresie (Ketzerei) verpflichtet
- Orden demokratisch strukturiert, alle Ämter werden nur auf Zeit vergeben
- eifrig als Inquisitoren und bei der Hexenverfolgung tätig
- schwarzer Habit

Die Zisterzienser
- gegründet 1098 von Robert von Citeaux
- ähnlich den Benediktinern, aber zentralistischer geführt
- verschreiben sich der Abgeschiedenheit von der Welt und der einfachen Lebensweise
- Mönche sind gebunden an ein bestimmtes Kloster
- Hochschätzung der Handarbeit
- weißer Habit

1. Vergleiche die vier Ordensgemeinschaften miteinander. Stelle Gemeinsamkeiten und Unterschiede heraus.
2. Der Dominikanerorden sticht unter den vier Gemeinschaften besonders heraus. Begründe.
3. Die Lebensweise von Mönchen und Nonnen unterscheidet sich wesentlich vom weltlichen Leben. Überlege dir Gründe, warum Menschen damals und heute in ein Kloster eintreten.

KIRCHLICHES LEBEN IM MITTELALTER

SCHLAGLICHTER DER KIRCHENGESCHICHTE

Die Regel des Benedikt

Der heilige Benedikt von Nursia gründete das erste christliche Kloster auf dem Berg Monte Cassino in Mittelitalien. Um ein konfliktfreies Leben der Mönche zu gewährleisten, verfasste er ein Regelwerk, das seit dem Mittelalter für alle Benediktiner gilt.
Einen Auszug aus den insgesamt 73 Kapiteln findest du hier:

Immer müssen sich die Mönche mit Eifer um das Schweigen bemühen, ganz besonders aber während der Stunden der Nacht. An Tagen mit Mittag- und Abendessen gilt: Sobald man vom Abendessen aufgestanden ist, setzen sich alle zusammen. Dann lese einer die „Unterredungen", die „Lebensbeschreibungen der Väter" oder sonst etwas vor, das die Hörer erbaut. Sind alle versammelt, halten sie die Komplet. Wenn sie dann aus der Komplet kommen, gebe es für keinen mehr die Erlaubnis, irgendetwas zu reden. [Kap. 42]

Es kommt vor, dass ein Bruder trotzig oder ungehorsam oder hochmütig ist oder dass er murrt und in einer Sache gegen die Heilige Regel und die Weisungen seiner Vorgesetzten handelt. Wenn er sich so als Verächter erweist, werde er nach der Weisung unseres Herrn einmal und ein zweites Mal im geheimen von seinen Vorgesetzten ermahnt. (Mt 15–17) [Kap. 23]
Wenn nun bei einem Bruder eine leichte Schuld festgestellt wird, werde er von der Teilnahme an der Mahlzeit ausgeschlossen. Sein Essen erhalte er für sich allein nach der Mahlzeit der Brüder;
wenn die Brüder zum Beispiel zur sechsten Stunde essen, dann jener Bruder zur neunten; wenn die Brüder zur neunten Stunde essen, dann jener am Abend. [Kap. 24]

Die Brüder sollen einander dienen. Keiner werde vom Küchendienst ausgenommen, es sei denn, er wäre krank oder durch eine dringende Angelegenheit beansprucht. Wer den Wochendienst beendet, soll am Samstag alles reinigen und die Tücher waschen, mit denen sich die Brüder Hände und Füße abtrocknen. Die Wochendiener sollen (an Fasttagen) vor der einzigen Mahlzeit über das festgesetzte Maß hinaus etwas zu trinken und Brot erhalten, damit sie ihren Brüdern zur Stunde der Mahlzeit ohne zu Murren und besondere Mühe dienen können. An Festtagen müssen sie bis zum Schluss warten. [Kap. 35]

1. Lies dir die einzelnen Regeln durch und finde für jeden Absatz eine eigene Überschrift.
2. Fasse mit eigenen Worten zusammen, welche Anweisungen Benedikt seinen Glaubensbrüdern gibt. Hättest du derartige Regeln in einem Kloster erwartet?

KIRCHLICHES LEBEN IM MITTELALTER

SCHLAGLICHTER DER KIRCHENGESCHICHTE

Franz von Assisi – ein Ordensgründer

Franz von Assisi, auch Franziskus genannt, lebte von 1181/1182 bis 1226. Seine Eltern waren reiche Tuchhändler und so konnte er eine vergleichsweise gute Ausbildung genießen: Er lernte Lesen, Schreiben, Rechnen und etwas Latein. Aber auch die Freizeitgestaltung kam nicht zu kurz: Da Franziskus Geld zur Verfügung hatte, feierte er ausschweifend und hatte stets viele Freunde um sich geschart. 1202 zog Franziskus auch in den Krieg, wobei er gefangen genommen wurde und zwei Jahre im Gefängnis saß, bis sein Vater ihn gegen Lösegeld freikaufen konnte. Diese Gefangenschaft veränderte ihn grundlegend. Wollte er bis dahin Ritter werden, so kam dies nun weniger für ihn in Betracht. Er rüstete sich 1204 zwar aus, um für den Papst in Süditalien zu kämpfen, kehrte aber auf halbem Wege wieder um. Von seinen Freunden zog er sich zurück, suchte stets die Einsamkeit und unternahm eine Pilgerfahrt nach Rom. Auf dem Weg dorthin soll er seine teuren Kleider gegen das Gewand eines Bettlers eingetauscht haben, was ihn in Konflikt mit seinem Vater brachte.

In dieser Zeit (1205) soll Franziskus eine göttliche Erscheinung gehabt haben. Die Stimme Christi habe ihm befohlen:

„Franziskus, geh und baue mein Haus wieder auf, das, wie du siehst, ganz und gar in Verfall gerät."

Er nahm Waren und Geld aus dem Geschäft seiner Eltern für wohltätige Zwecke, bis sein Vater ihn deshalb vor Gericht brachte. Dort entkleidete sich Franziskus vollständig und sagte sich von seinen Eltern los. Seit dieser Zeit lebte Franziskus als Bettler außerhalb der Stadt in Armut und predigte. Dem Evangelium gemäß kleidete er sich schlicht und beschloss, ein Leben in Armut zu führen, dem Besitz von Geld zu entsagen.

Bald folgten Franziskus mehrere Menschen nach und der Papst erkannte die Lebensgemeinschaft offiziell als neuen Orden an.

Im Jahr 1219 schloss sich Franskus dem Kreuzfahrerheer in Richtung Ägypten an, um den dortigen Sultan zu bekehren, für Frieden zu sorgen und notfalls als Märtyrer zu sterben. Auf der Reise zog er sich eine Augenkrankheit zu, die ihn langsam erblinden ließ. Nach seiner Rückkehr nach Italien starb er im Jahre 1226.

1. Erstelle eine Zeitleiste mit den wichtigsten Stationen im Leben des Franziskus.
2. Versuche zu begründen, welche Motivation Franziskus hatte, seinem Erbe zu entsagen und Bettelmönch zu werden.
3. Überlege Gründe dafür, dass Franziskus Anhänger für seinen ärmlichen Lebensstil fand.

SCHLAGLICHTER DER KIRCHENGESCHICHTE

Idealer Grundriss eines mittelalterlichen Klosters

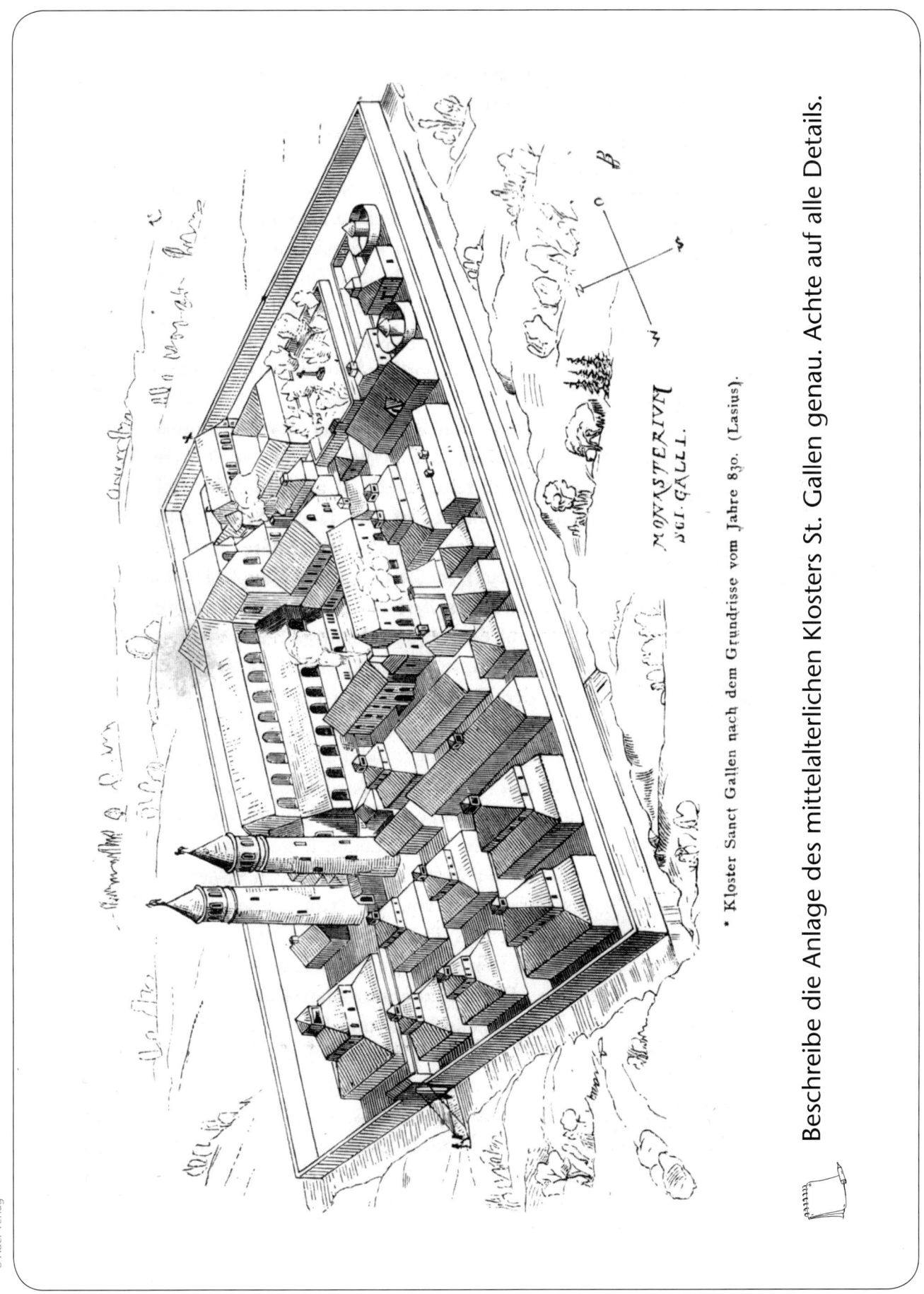

* Kloster Sanct Gallen nach dem Grundrisse vom Jahre 830. (Lasius).

MONASTERIUM SCI. GALLI.

Beschreibe die Anlage des mittelalterlichen Klosters St. Gallen genau. Achte auf alle Details.

KIRCHLICHES LEBEN IM MITTELALTER

SCHLAGLICHTER DER KIRCHENGESCHICHTE

Die Bedeutung der mittelalterlichen Klöster

1 Zunächst wurden Klöster in der Absicht gegründet, spirituelle Orte zu sein und der Verehrung Gottes zu dienen. Aber im Laufe der Zeit wuchs die Anzahl der Klöster und auch deren Größe, sodass man sich Gedanken über die Versorgung und das spirituelle Leben der Ordensmänner und -frauen machen musste. So wandelte sich das Wesen der Klöster
5 im Mittelalter allmählich und sie hatten somit zahlreiche Funktionen:

Wirtschaftsunternehmen
Klöster verfügten über landwirtschaftlichen Grundbesitz, um die Bewohner zu ernähren. Oft waren die religiösen Stätten zugleich Wallfahrtsorte, was zahlreiche Pilger anzog und Einnahmen brachte. Außerdem gab es vom Kloster abhängige Bauern, die dem Kloster
10 Abgaben entrichten mussten, dafür im Gegenzug Schutz erwarten durften. Auch der Verkauf von Büchern, die im Kloster hergestellt wurden, spülte Geld in die Kasse.

Herrschaftsträger
Den halbfreien oder unfreien Bauern, die auf dem Gebiet des Klosters lebten, teilten die Mönche ihr Land zu, das sie zu bewirtschaften hatten. Im Kloster mussten die Bauern die
15 Erlaubnis zur Heirat einholen oder über einen möglichen Loskauf in die Freiheit verhandeln. Das Kloster bestellte den zuständigen Richter für das Klostergebiet. Die abhängigen Bauern mussten auch geschützt werden, z. B. bei Missernten, Hungersnöten oder feindlichen Angriffen. Große Abteien spielten auch in der Reichspolitik eine Rolle, indem die Äbte und Äbtissinnen in das Lehenswesen eingebunden waren und dem König
20 Ratschläge geben konnten.

Bildung und Verwaltung
Klöster waren der Hauptträger der Bildung: In den Klosterschulen lernten ausgewählte Jungen das Lesen und Schreiben (Mädchen gingen nicht in die Schule). Geistliche waren in manchen Landstrichen die einzigen, die
25 des Lesens und Schreibens mächtig waren, sie mussten deshalb sogar die adeligen Herrscher unterstützen, die diese Fertigkeiten nicht besaßen. So trugen sie auch zur Verwaltung bei, da sie die staatlichen Angelegenheiten schriftlich festhielten, Briefe und Urkunden verfassten. Selbst im praktischen Alltag war das Können der Mönche und Nonnen von Nutzen: Sie waren
30 kundig in der Medizin, in der Landwirtschaft, zuweilen auch in der Baukunst, sodass sie ihrem Umfeld von großem Nutzen sein konnten.

Religiöses Zentrum
Ursprünglich fanden sich Mönche und Nonnen aus spirituellen Gründen zusammen. Diese Funktion sollten Klöster auch beibehalten: Hier traf man sich zur Messe, hier fanden
35 sich Pilger zusammen, es erfolgte die Priesterausbildung und Aussendung von Missionaren aus den Klöstern.

Erstelle eine Mindmap, in der du die Informationen über die Funktionen mittelalterlicher Klöster übersichtlich darstellst.

SCHLAGLICHTER DER KIRCHENGESCHICHTE

Hexenszene um 1700

Das Bild zeigt eine Hexendarstellung, wie ein Maler sie sich um das Jahr 1700, also vor gerade einmal 300 Jahren, vorgestellt hat.

Beschreibe das Bild. Entdeckst du Elemente, die man bis heute kennt?

KIRCHLICHES LEBEN IM MITTELALTER

SCHLAGLICHTER DER KIRCHENGESCHICHTE

Hexen und Zauberer

Bestimmt hast du schon von Hexen und Zauberern gelesen und gehört. Schreibe um das Hexenbild herum, was du schon über Hexen und Zauberer weißt oder welche Hexen und Zauberer du aus Literatur oder Fernsehen kennst.

KIRCHLICHES LEBEN IM MITTELALTER

SCHLAGLICHTER DER KIRCHENGESCHICHTE

Die Hexenverfolgung – ein Zeichen von Hilflosigkeit?

Das Spätmittelalter und die frühe Neuzeit waren in weiten Teilen Europas auch geprägt von Verbrechen, die im Namen der Kirche und des Glaubens begangen wurden. Darunter fällt die Hexenverfolgung. Männer und Frauen wurden verfolgt, verhört, gefoltert und grausam hingerichtet, weil man in ihnen Verbündete des Teufels sah. Doch wie konnte es dazu kommen? Eine Ursache ist sicherlich, dass es den Menschen an guten Erklärungen für Unglücke wie Krankheit, Missernten und Hungersnöte fehlte. Dies schob man Hexen in die Schuhe, die angeblich mit dem Teufel im Bunde waren. Der Hexerei konnte jeder beschuldigt werden – oft traf es Menschen, die sich nicht perfekt in die Gesellschaft integrieren konnten oder die anderen Menschen ein Dorn im Auge waren.

1486 wurde das Werk „Malleus Maleficarum" („Hexenhammer") veröffentlicht, welches die Hexenverfolgung legitimierte. Darin finden sich Begründungen, wie es Hexen geben kann, wie sie entstehen und wie schwer ein Hexenverbrechen zu gewichten ist. Auch die Prozessordnung und die Strafen werden festgehalten:

Man konnte der Hexerei angeklagt werden, ohne dass Beweise vorgelegt werden mussten. Anschließend wurde man inhaftiert, vor dem Prozess vollständig entkleidet, rasiert und der Körper nach einem Hexenmal abgesucht. Dann folgte das Verhör der Hexen: zunächst ein einfaches Befragen. Erfolgte kein Geständnis, wurden die Folterinstrumente demonstriert. Erfolgte immer noch kein Geständnis, wurden die Folterinstrumente angewandt. Mögliche Folterinstrumente waren: Daumenschrauben und Streckbank. Unter schmerzhaften Qualen gestanden die meisten Angeklagten, Hexen zu sein. Doch mit diesem erschlichenen Geständnis war es nicht getan: Da sich Hexen laut gültiger Lehre gegenseitig kennen mussten, wurde die Beklagte nach weiteren Hexen befragt, gegebenenfalls auch unter erneuter Anwendung der Folter: So wurden weitere Unschuldige in den sicheren Tod getrieben. Auch die nun folgende Hinrichtung war ein Akt der Grausamkeit: Die Hexe wurde in der Regel bei lebendigem Leib verbrannt.

In den offiziellen Gerichtsprozessen waren zwar keine Hexenproben vorgesehen, doch griffen viele Richter auch auf diese Methoden zurück, um den Hexenbeweis zu erbringen. Bekannt ist die Wasserprobe: Die Angeklagte wurde gefesselt ins Wasser geworfen. Schwamm sie an der Oberfläche, war sie eine Hexe. Ging sie unter, war sie möglicherweise keine Hexe und wurde wieder aus dem Wasser geholt (oftmals leider zu spät). Man geht heute davon aus, dass in der Phase der Hexenverfolgung ca. 40 000 bis 60 000 Menschen ihr Leben verloren.

1. Lies den Text durch und versuche zu erklären, warum Menschen ihre Mitmenschen als Hexen anklagten.
2. Beurteile das Verfahren gegen die Hexen. War es fair? Gäbe es Verbesserungsmöglichkeiten?
3. Überlege, warum man heute in den meisten Teilen der Welt niemanden mehr als Hexe beschuldigt.

KIRCHLICHES LEBEN IM MITTELALTER

SCHLAGLICHTER DER KIRCHENGESCHICHTE

Ein Glaube – viele Kirchen?

Nach rund einem Jahrtausend, in dem das Christentum die vorherrschende Religion in West- und Mitteleuropa darstellte und auch in staatlicher Hinsicht maßgeblich den Ton bestimmte, neigte sich die Epoche des Mittelalters im 15. Jahrhundert dem Ende entgegen: Der Kontinent Amerika wurde von Kolumbus entdeckt, Johannes Gutenberg erfand den modernen Buchdruck und zu Beginn des 16. Jahrhunderts spaltete sich die lateinische Kirche in Europa in Katholiken und Protestanten. Dieser Prozess sollte noch Jahrhunderte dauern und selbst heute ist die Kommunikation zwischen protestantischer und katholischer Kirche auf manchen Ebenen noch nicht frei von Konflikten.
Im vorliegenden Kapitel sollen der Ablasshandel, die Person Luthers und die Anfänge der Kirchenspaltung näher betrachtet werden.

Die Hölle (S. 54)

Das Bild zeigt eine Darstellung der Hölle, wie sie sich die Menschen im späten Mittelalter vorgestellt haben. Um eine der Ursachen für Luthers Lehren zu verstehen, ist es wichtig, auch die Lebensumstände der damaligen Menschen zu begreifen: Viele hatten schlichtweg Angst, nach ihrem Tod in die Hölle oder in das Fegefeuer zu geraten. Die Priester und Kirchenfürsten hielten die Gläubigen in dem steten Glauben, dass ihnen für ihre Verfehlungen das Höllenfeuer drohe. Selbst Adelige waren vor dieser Angst nicht gefeit: Kurfürst Friedrich der Weise von Sachsen (1463–1525) soll über 19000 Reliquien besessen haben und hatte sich somit theoretisch von zwei Millionen Jahren Fegefeuer freigekauft.

1. Das Bild wird umrandet von Menschen, die im Feuer brennen. Der gesamte Hintergrund ist mit Flammen geschmückt. Auf verschiedenen Ebenen werden die Qualen der Hölle dargestellt: Kleine Teufel lassen nackte Menschen im Feuer pendeln, spießen sie auf, reiten auf ihnen, werfen sie in Kochtöpfe oder füllen sie mit glühender Kohle. Unten rechts sitzt der Satan selbst auf einem Thron mit Drachenköpfen und betrachtet das Treiben. Es sind verschiedene Personengruppen auszumachen, u. a. in weiße Gewänder gekleidete Jungfrauen, Juden und Mönche.
2. *Hier sollen die Schüler kreativ werden und eine eigene Predigt entwerfen und schließlich auch vor der Klasse vortragen. Erwartet wird eine ausschmückende Beschreibung der Höllenqualen, um ein ausreichend grausames Bild von diesem Ort anzugeben.*

Der Ablasshandel und seine Auswüchse (S. 55)

Der Ablasshandel im 14. und 15. Jahrhundert ist ein eher unangenehmes Kapitel der katholischen Bußpraxis. Auf der einen Seite versetzte die Kirche ihre Mitglieder in Angst und Schrecken vor den Höllenqualen nach dem Tod, auf der anderen Seite bot sie ihnen an, sich von den Qualen des Fegefeuers gegen Bußleistungen und oft teure Geldzahlungen freizukaufen. Einerseits ein gutes Geschäft für die Kirche und ihre Fürsten, andererseits ein ständiges Streben nach Ablassbriefen, ohne jedoch sein Leben wirklich ändern und die Sünden bereuen zu müssen, da man feste Tarife hatte, wie man sich von seinen Vergehen loskaufen konnte. Für Martin Luther, der zunächst auch unter der furchtbaren Angst vor dem Fegefeuer gelitten haben soll, war dieser Ablasshandel ein Graus, verbesserte er die Welt doch nicht, sondern glich eher einem Basar.

1. Menschen begingen Fehler und konnten davon ausgehen, nach ihrem Tod dafür im Fegefeuer brennen zu müssen, bis die Seele gereinigt war. Wer allerdings einen Ablassbrief erwarb, konnte sich von diesen Qualen freikaufen. Dies führte zum Missbrauch des Systems durch die Kirche, da sie eine sprudelnde Einnahmequelle darin erkannte.
2. *Die Schüler sollen ein eigenes Urteil über dieses System fällen. Es sind Antworten denkbar, die das Ablasswesen positiv bewerten, da viele Schüler nach klaren Strukturen denken, dass auf eine bestimmte Tat eine genau festgelegte Strafe folgen muss und man auf diese Art Rechtssicherheit bekäme. Andere werden dieses System*

SCHLAGLICHTER DER KIRCHENGESCHICHTE

negativ bewerten, da sie es nicht gut heißen können, dass Menschen mit Amtsgewalt andere Menschen ausnutzen und sich ihr Geld zu eigen machen. Und die möglicherweise auch hinterfragen, ob Jesus selbst so gehandelt hat, dass er für seine Sündenvergebung eine festgesetzte Geldmenge erwartete.

3. *Dieser Auftrag ist eine Weiterführung der Aufgabe 2. Die Schülers sollen ihre Meinung in einem Brief an Tetzel formulieren und ihn begründet für seine Arbeit loben oder kritisieren. Die Briefe können in der Klasse vorgetragen werden, sodass die Schüler erkennen, dass es zu diesem Thema verschiedene Ansichten geben kann.*
4. *Hier wird eine kreative Arbeit verlangt: Bei der Gestaltung des Plakats haben die Schüler viele Freiheiten, sich grafisch zum Thema zu äußern. Kriterien für gelungene Plakate sind, dass mit Text sehr sparsam umgegangen werden muss, dieser dafür schlagkräftig formuliert sein soll. Optisch sollte ein Blickfang geboten sein, der die Aufmerksamkeit des Betrachters auf sich zieht. Diese Aufgabe lässt sich gut in Gruppen lösen, die Ergebnisse können im Klassenraum präsentiert werden.*

Martin Luther (S. 56)

Die Hauptperson der Reformation ist Martin Luther. Seine Thesen und Lehren führten zur Spaltung der Kirche in Protestanten und Katholiken. Dabei soll er selbst, ein frommer Augustinermönch, diese Spaltung nie gewollt haben. Sein Anliegen war eine Reformation der Kirche, die in seinen Augen vom rechten Weg abgekommen war. Tatsächlich gab es viele Kritikpunkte an der Kirche: Bischöfe häuften Ämter und Macht an, statt sich um die Verbreitung des Glaubens zu kümmern; Priester, die mit der Seelsorge ihrer Gemeinde betraut waren, waren schlecht ausgebildet und konnten oft nicht einmal die Bibel lesen oder die liturgischen Worte fehlerfrei sprechen; das einfache Volk hatte keinen Zugang zum Wort Gottes, da die Bibel nur auf Latein zu erhalten war (eine deutsche Übersetzung gab es noch nicht); das Ablasswesen wurde von den Mächtigen zur Finanzierung des eigenen Lebensstils missbraucht; die Lebensweise der Kleriker war alles andere als untadelig, es gab in Rom gar eigene Bordelle für den Klerus.

Mit seiner Kritik und seinen Schriften, die er – im Gegensatz zur Kirche – auf Deutsch und nicht in lateinischer Sprache veröffentlichte, stieß er beim einfachen Volk auf viel positive Resonanz. Schließlich schlossen sich auch immer mehr Adelige seinen Lehren an.

1. *Steckbrief zu Luthers Leben: Hier sollen die Schüler auch weitere Quellen verwenden, beispielsweise das Internet oder ein Lexikon. Diese Aufgabe kann gut als Hausaufgabe gestellt werden.*

10.11.1483	Geburt in Eisleben
1505	Eintritt in ein Augustinerkloster
1507	Priesterweihe
1511	Pilgerreise nach Rom
1512	Doktor der Theologie in Wittenberg
1517	Thesenanschlag
ab 1518	öffentliche Verhöre
1520	Verbrennung der päpstlichen Bannbulle
1521	Reichstag zu Worms, Exkommunikation, Entführung durch Friedrich den Weisen auf die Wartburg
1525	Hochzeit mit Katharina von Bora
1534	Herausgabe der ersten Bibel auf Deutsch, übersetzt von Martin Luther
1546	Tod in Eisleben

2. Luther wandte sich dem einfachen Volk zu: Er predigte so, dass die Menschen es verstanden, er veröffentlichte seine Schriften auf Deutsch, also einer Sprache, die auch das Volk verstand, nicht nur der Klerus. Außerdem wandte er sich gegen den Ablasshandel, weil in seinen Augen die Vergebung und Gottes Gnade nicht durch Geld zu erkaufen sei. Dies gefiel dem Volk, da es nun weniger Angst vor dem Fegefeuer und der Hölle haben musste.
3. Der Klerus konnte von Luthers Lehre nicht begeistert sein: Er untergrub ihre Autorität und ihr Ansehen, er widersprach althergebrachten Traditionen und nicht zuletzt nahm er ihnen eine wichtige Einnahmequelle: den Ablasshandel.

EIN GLAUBE – VIELE KIRCHEN?

SCHLAGLICHTER DER KIRCHENGESCHICHTE

Luthers 95 Thesen (S. 57)

1517 soll Luther mit seiner Lehre in schriftlicher Form an die Öffentlichkeit gegangen sein. Fast sprichwörtlich ist der Anschlag seiner 95 Thesen an die Kirchentüre zu Wittenberg. Lange Zeit war bezweifelt worden, ob das Annageln des Thesenpapiers an die Türe als historisch zu sehen ist, so gibt es seit einigen Jahren wieder wissenschaftliche Theorien und Quellenauswertungen, die diese Ansicht stützen. In jedem Fall ist festzuhalten, dass das Jahr 1517 entscheidend war, denn nun erhielt eine immer größere Menschenmenge Kenntnis von Luthers Lehren und fand Gefallen an ihr.

Für die Bearbeitung durch die Schüler sind die Thesen nicht in ihrer Originalform aufgeführt sondern in moderner Sprache abgefasst. Sofern sich einzelne Thesen ergänzen, sind diese zusammengefasst.

1. Luther wendet sich in erster Linie gegen die gegenwärtige Bußpraxis mit dem Ablasshandel und die Tätigkeit des Klerus in diesen Belangen. Sündenvergebung und Gnade Gottes sind durch Reue und rechtes Handeln zu erreichen, nicht aber durch Ablassbriefe. Auch der Papst selbst wird angegriffen: Statt den Petersdom mit den Erlösen durch den Ablasshandel zu bauen, solle er lieber sein Privatvermögen dazu heranziehen. Luther beschreibt hier auch die Hölle anders: Die Hölle sei kein Ort, sondern ein Zustand der Angst.
2. Da in dieser Zeit das Ablasswesen seine extremen Blüten trieb, fand er beim einfachen Volk für seine Lehren viel Gehör.
3. *Hier wird eine begründete Widerlegung der Thesen erwartet. Anführen könnte man beispielsweise, dass der Ablasshandel eine bewährte Praxis sei und schon eine Tradition habe, dass Luther als Mönch der Kirche Gehorsam schuldig sei oder dass Luther mit seinen Lehren ein Durcheinander verursache und die Menschen verwirre. Aber auch andere Argumente sind gut denkbar.*

Das Konzil von Trient (S. 58)

Das Konzil von Trient spielte sich vor dem Hintergrund der Luther'schen Thesen und Schriften sowie dem in immer mehr Gebieten Deutschlands und Europas aufbrechenden Bauernaufstand ab. Sowohl die Kirche als auch der Kaiser hatten ein Interesse daran, diese (in ihren Augen) Missstände zu beseitigen und mussten darauf reagieren. Auf dem Konzil selbst wurden relativ wenige konkrete und praktische Beschlüsse gefasst, aber immerhin Grundlagen für päpstliche Dekrete geschaffen, die in den folgenden Jahren erlassen wurden. Ein Teil dieser Beschlüsse beseitigte Missstände in der katholischen Kirche, ein Teil richtete sich aber auch direkt gegen die Reformatoren.

1. Die sieben Sakramente der katholischen Kirche sind Taufe, Firmung, Eucharistie, Bußsakrament, Krankensalbung, Weihesakrament und Ehe. Auf evangelischer Seite existieren nur zwei Sakramente: Taufe und Abendmahl. In verschiedenen Ausprägungen der protestantischen Kirchen weichen die Sakramente sowohl in Anzahl als auch Inhalt voneinander ab: Luther selbst sah beispielsweise auch die Buße als Sakrament, evangelische Freikirchen erkennen gar keine Sakramente an.
2. Die Reformatoren konnten mit den Beschlüssen nicht zufrieden sein, schon alleine deshalb nicht, weil einer der wichtigsten Punkte, der Ablasshandel und das Fegefeuer, weiterhin Bestandteil der kirchlichen Lehre und Praxis waren. Außerdem galten sowohl Schrift als auch Tradition für die kirchliche Lehre, die Reformatoren wollten nur die Schrift als Grundlage der Lehre verstanden wissen.
3. *Hier sollen die Schüler ein Ranking erstellen oder eine je den besten und schlechtesten Beschluss in ihren Augen auswählen und ihre Auswahl begründen.*

Der Jesuitenorden (S. 59)

Dieser Orden wurde als katholische Ordensgemeinschaft Gesellschaft Jesu gegründet, die Bezeichnung „Jesuiten" war zunächst ein Spottname, den sich die Ordensmitglieder aber zu eigen machten. Er darf als Gegenbewegung zu den Reformatoren verstanden werden, denn eine Besonderheit des Ordens ist, dass von den Mitgliedern strikte Papsttreue verlangt wird, selbst wenn die Lehre des Papstes nicht logisch

SCHLAGLICHTER DER KIRCHENGESCHICHTE

erscheine. Die Jesuiten waren und sind nicht nur in Deutschland, sondern in weiten Teilen der Erde aktiv, um den katholischen Glauben zu verbreiten. In Deutschland waren sie während der Reformationszeit besonders in Bayern sehr aktiv, sodass dort ein großer Teil der Bevölkerung katholisch blieb, während in vielen Teilen Norddeutschlands die protestantische Lehre Fuß fassen konnte.

Das vorliegende Arbeitsblatt bietet den Schülern lediglich Stichpunkte zu den Jesuiten, die aber die wichtigsten Informationen enthalten.

1. *Die Schüler sollen aus den vorliegenden Stichpunkten einen zusammenhängenden Text erstellen. Es ist nicht nötig, alle Informationen wiederzugeben, einzelne Aspekte können innerhalb des Artikels auch als Aufzählung dargestellt werden.*
2. An Schulen und Universitäten konnte man Menschen um sich scharen, die teilweise noch leicht beeinflussbar sind (Schüler) oder die sich speziell für das Thema Glaube interessieren (Universität). So war es den Jesuiten möglich, viele Menschen, die später auch selbst als Glaubensvermittler auftreten konnten, in der katholischen Lehre zu schulen und sie zu strenggläubigen Katholiken zu erziehen.
3. Da die Jesuiten in „zivil" auftraten und es noch tun, unterscheiden sie sich nicht vom Rest der Bevölkerung. Man sieht es ihnen nicht an, dass sie Ordensbrüder sind und missionieren möchten, sodass sie der Obrigkeit erst auffallen, wenn sie öffentlich auftreten.
4. *Hier sollen die Schüler Einrichtungen der Jesuiten in ihrem Umfeld herausfinden. Dies dürften oft Schulen sein. Einen Überblick über Einrichtungen und Orte bekommt man auf der offiziellen Website der Jesuiten: http://www.jesuiten.org/wo-wir-sind.html*

SCHLAGLICHTER DER KIRCHENGESCHICHTE

Die Hölle

1. Beschreibe die mittelalterliche Darstellung der Hölle.
2. Versetze dich in die Rolle eines Priesters und entwirf eine Predigt, in der du deine Zuhörer vor den Qualen der Hölle warnst.

EIN GLAUBE – VIELE KIRCHEN?

SCHLAGLICHTER DER KIRCHENGESCHICHTE

Der Ablasshandel und seine Auswüchse

Wie verhält man sich, wenn man einen Fehler begangen hat? Wenn man gegen die Gebote Gottes gesündigt hat? Kann man diesen Fehler jemals wieder ausbügeln? Für die Kirche gab es seit Urzeiten eine Möglichkeit: die Beichte. Man musste seine Sünden vor Gott bekennen und bereuen, dafür erhielt man oft den Auftrag, gute Werke abzuleisten, in der Regel in Form von Geldspenden (Almosen). Dadurch gewannen viele Christen aber zunehmend den Eindruck, dass man mit Geld alle seine Sünden loswerden konnte. Wer also genug Geld besaß, konnte entsprechend viel sündigen.

Für begangene Sünden hatte man zu büßen: Es gab Kataloge, wie lange man für welche Fehler nach seinem Tod im Fegefeuer büßen musste, um dann – durch das Feuer gereinigt – in den Himmel zu kommen. Durch das Erwerben von Ablassbriefen im Diesseits konnte man seine Zeit im Fegefeuer nach dem Tod verkürzen. Ablassbriefe erwarb man zum Beispiel durch Almosen oder Wallfahrten. Auch für seine Angehörigen, sogar für bereits verstorbene Verwandte, konnte man Ablassbriefe erwerben und somit deren Zeit im Fegefeuer verkürzen.

Dieses Konzept der Sündenvergebung schlug einen völlig falschen Weg ein: Auf der einen Seite glaubten die Menschen, ungestraft sündigen zu können, wenn sie nur genug Geld für die Ablassbriefe hätten, auf der anderen Seite entdeckte die Kirche, dass sich mit dem Ablasshandel sehr viel Geld verdienen ließ.

Ab dem Jahr 1504 war der Dominikanermönch Johann Tetzel besonders berühmt dafür, Ablassbriefe an die Gläubigen zu bringen. Er arbeitete dabei zunächst im Auftrag des Deutschen Ritterordens, später für das Bistum Meißen, um mit dem eingenommenen Geld den Bau der Peterskirche in Rom voranzutreiben. Tetzel kam vielen Menschen weniger wie ein frommer Mönch, sondern viel eher wie ein Marktschreier vor, wenn er durch die Lande zog und in den Städten und Gemeinden auf den Marktplätzen predigte. Um seine Worte zu untermauern, führte er auch den sogenannten „Tetzelkasten" mit sich: Eine hölzerne Kiste, auf der das Bild eines Teufels die Seelen der Verstorbenen quält. In diesem Kasten sammelte er die Erlöse für die Ablassbriefe. Tetzel werden zudem folgende Aussprüche zugeschrieben:

„Wenn ihr mir euer Geld gebt, dann werden eure toten Verwandten auch nicht mehr in der Hölle schmoren, sondern in den Himmel kommen."

„Sobald das Geld im Kasten klingt, die Seele in den Himmel springt."

1. Fasse mit eigenen Worten das System des mittelalterlichen Ablasshandels zusammen.
2. Beurteile, ob du ein derartiges System zur Sündenvergebung für sinnvoll hältst.
3. Verfasse einen öffentlichen Brief an Tetzel, in dem du ihn entweder für seine Arbeit lobst oder ihn kritisierst. Begründe dein Lob/deine Kritik angemessen.
4. Gestalte ein Werbeplakat für eine Predigtveranstaltung mit Johann Tetzel in deiner Gemeinde.

SCHLAGLICHTER DER KIRCHENGESCHICHTE

Martin Luther

1 Um den Weg zur Reformation verstehen zu können, ist es hilfreich, die Person näher zu betrachten, deren Name damit verbunden ist: Martin Luther. Er trat 1505 in ein Augustinerkloster ein und war bereits sieben Jahre später Professor für Bibelauslegung am Kon-
5 vent in Wittenberg.
Zu Beginn seiner Klosterzeit plagten ihn immer wieder dieselben Ängste und Nöte: Wie kann er es als unvollkommener Mensch schaffen, das ewige Heil zu erlangen?
Auf Empfehlung seines Beichtvaters pilgerte er 1511 nach Rom, dem Sitz des Papstes.
10 Seine dortigen Erlebnisse ließen ihn allerdings an der Aufrichtigkeit der katholischen Lehre zweifeln und er begann wohl schon da, über das Ablasswesen nachzudenken. Zurückgekehrt nach Wittenberg stieß er beim Bibelstudium auf den Bibelvers Röm 1,17:

> „Denn darin wird offenbart die Gerechtigkeit, die vor Gott gilt, welche aus dem Glauben kommt und zum Glauben führt; wie
15 geschrieben steht: Der Gerechte wird aus dem Glauben leben."

Dies war für Luther die Widerlegung des Ablasshandels: Nur durch den Glauben an Gott kann der Mensch die ewige Gerechtigkeit Gottes erlangen, nicht durch einen Ablassbrief der Kirche.
Ab 1517 predigte er öffentlich gegen den Ablasshandel, sehr zum Missfallen derjenigen,
20 die davon profitierten: Bischöfe und Kirchenfürsten.
Luther wurde ab 1518 mehrfach öffentlich verhört, auf päpstliches Geheiß sollte er seine Behauptungen und seine Lehre widerrufen, ansonsten drohe ihm die Exkommunikation (Ausschluss aus der Kirche). Da Luther sich weigerte, wurde er 1521 tatsächlich exkommuniziert. Im gleichen Jahr fand der Reichstag zu Worms statt und Luther erhielt unter
25 Androhung der Todesstrafe die erneute Aufforderung, seine Lehre zu widerrufen. Da er sich auch hier weigerte, wurde er geächtet: Jeder durfte ihn straffrei töten.
Kurfürst Friedrich der Weise, der Luthers Lehre schätzte, ließ ihn entführen und in Eisenach auf der Wartburg unterbringen. Dort lebte er inkognito als Junker Jörg und konnte sich ungestört seinen theologischen Schriften widmen. Unter anderem übersetzte er zum
30 ersten Mal die Heilige Schrift auf Deutsch. Denn bisher war es nur Menschen mit Lateinkenntnissen möglich, die Worte der Bibel zu verstehen, das einfache Volk war davon ausgenommen.

1. Erstelle einen Steckbrief zur Person Martin Luther. Ziehe dazu weitere Quellen heran.
2. Luthers Lehre fand beim einfachen Volk sehr viele Anhänger. Überlege, warum dies so war.
3. Bei den führenden Kirchenmännern stieß Luthers Wirken hingegen auf keine Begeisterung. Erkläre.

SCHLAGLICHTER DER KIRCHENGESCHICHTE

Luthers 95 Thesen

Martin Luther soll 95 Thesen (Behauptungen) im Jahr 1517 an die Kirchentüre zu Wittenberg genagelt haben. Einen Auszug (in moderner Abfassung) findest du hier:

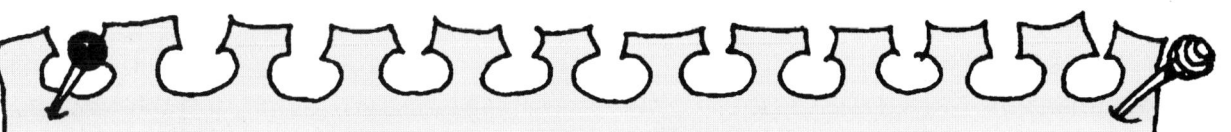

1:	Da unser Herr und Meister Jesus Christus spricht „Tut Buße" usw. (Mt 4,17), hat er gewollt, dass das ganze Leben der Gläubigen Buße sein soll.
2:	Dieses Wort kann nicht von der Buße als Sakrament – d. h. von der Beichte und Genugtuung –, die durch das priesterliche Amt verwaltet wird, verstanden werden.
14:	Je geringer der Glaube an Gott ist, umso größer ist die Angst vor dem Tod.
15–16:	Diese Angst alleine kennzeichnet das Fegefeuer als Reinigungsort vor Himmel und Hölle.
30–32:	Niemand kann Vergebung mit Sicherheit erreichen.
35–40:	Niemand kann Vergebung ohne Reue erhalten; aber wer wirklich bereut, hat Anspruch auf völlige Vergebung – auch ohne bezahlten Ablassbrief.
41–44:	Das Kaufen der Ablassbriefe hat nichts mit Nächstenliebe zu tun, auch befreit es nur teilweise von der Strafe. Wichtiger sind gute Werke der Nächstenliebe wie Unterstützung für Arme oder Hilfsbedürftige.
45–49:	Wer einem Bedürftigen nicht hilft, aber stattdessen Ablass kauft, handelt sich den Zorn Gottes ein.
52–55:	Aufgrund eines Ablassbriefes ist kein Heil zu erwarten. Es ist falsch, wenn in einer Predigt länger über Ablass gesprochen wird als über Gottes Wort.
75–76:	Der Ablass kann keine schwerwiegenden und auch keine geringfügigen Sünden vergeben.
86:	Warum baut der reiche Papst nicht wenigstens den Petersdom von seinem Geld?
94–95:	Man soll die Christen ermutigen, Jesus Christus nachzufolgen, und sie nicht durch Ablassbriefe falsche geistliche Sicherheit erkaufen lassen.

1. Fasse Luthers Position mit eigenen Worten zusammen: Gegen wen wendet er sich, was fordert er?
2. Überlege, warum Luther wohl gerade in dieser Zeit viele Anhänger für seine Kritik findet.
3. Wie könnten die papsttreuen Priester diese Thesen Luthers wohl widerlegen? Versuche es selbst.

EIN GLAUBE – VIELE KIRCHEN?

SCHLAGLICHTER DER KIRCHENGESCHICHTE

Das Konzil von Trient

Luthers Reformanstöße hatten die Welt in Brand gesteckt: Seine Übersetzung der Schrift ins Deutsche wurde immer weiter verbreitet, es fanden sich immer mehr Anhänger für seine Lehre. Im Gebiet des heutigen Deutschland gab es um 1525 zahlreiche Bauernaufstände, die sich gegen die Obrigkeit auflehnten und dies auch im Namen der Reformation taten (was sicher nicht in Luthers Sinn war). Auch Adelige konnten sich immer mehr für die reformatorischen Gedanken begeistern. Somit kamen der Kaiser und die katholische Kirche in Zugzwang: Der Kaiser wollte, dass in seinem Reich wieder Ruhe und Frieden einkehrte, die Kirche wollte möglichst viel von ihrem Gedankengut bewahren und gegen die Ideen der Protestanten schützen.

So fand zwischen 1545 und 1563 das Konzil von Trient statt, das in drei mehrjährigen Tagungsperioden Beschlüsse fasste. Nach dem Konzil wurden viele der Beschlüsse bald von den Päpsten umgesetzt und weiter verfeinert. Zu den wichtigen Beschlüssen gehörten:
- Die Missbräuche im Ablasswesen sollen abgeschafft werden.
- Die Ämterhäufung im Bischofsamt soll verboten werden: Jedem Bischof soll nur ein Bistum unterstellt sein.
- Seelsorger sollen in Priesterseminaren besser geschult werden, denn viele Priester verstanden oft kein Latein und somit auch nicht die Bibel.
- Der Hochaltar wird als liturgisches Zentrum in der Kirche etabliert.
- Das Allerheiligste wird im Tabernakel aufbewahrt.

Folgende Beschlüsse richteten sich gegen die Meinung der Reformatoren:
- Die sieben Sakramente werden verbindlich festgelegt.
- Es gelten für den christlichen Glauben neben der Heiligen Schrift auch die kirchliche Tradition, z. B. Texte der Kirchenväter und Papstdekrete.
- Nur die Kirche hat das Recht, über die Auslegung der Bibel zu bestimmen.
- Es gibt ein Fegefeuer, in dem die Seelen nach dem Tod gereinigt werden.
- Um die Gnade Gottes zu erlangen, muss man nicht nur glauben, sondern auch gut handeln.
- In der Eucharistie ist Jesus Christus real in Formen von Brot und Wein anwesend. Das Abendmahl ist nicht nur eine symbolische Handlung.

Mit dem Konzil von Trient und den dort gefassten Beschlüssen konnte die begonnene Teilung der Kirche zwar nicht mehr verhindert werden, einige Missstände wurden aber beseitigt.

1. Finde heraus, welche Sakramente in der katholischen Kirche existieren, welche in der evangelischen.
2. Überlege, ob die Reformatoren sich mit den gefassten Beschlüssen zufrieden geben konnten.
3. Wähle die Beschlüsse aus, die dir am gelungensten erscheinen und auch die, mit denen du am wenigsten zufrieden bist. Begründe deine Auswahl.

EIN GLAUBE – VIELE KIRCHEN?

SCHLAGLICHTER DER KIRCHENGESCHICHTE

Der Jesuitenorden

Einige Fakten zum Jesuitenorden:

- korrekter Name: Gesellschaft Jesu (Societas Jesu)
- gegründet am 15. August 1534 von Männern um Ignatius von Loyola
- Verpflichtung zu Armut, Ehelosigkeit, Gehorsam sowie besonderem Gehorsam gegenüber dem Papst
- Unterwerfung der Jesuiten unter die Heilige Schrift und die Lehren der katholischen Kirche
- Angeblicher Ausspruch des Ordensgründers: „Ich werde glauben, dass Weiß Schwarz ist, wenn es die Kirche so definiert."
- tragen keine Ordenstracht, treten in Zivilkleidung auf
- leben nicht in Klöstern, haben keine festen Regeln, leben aber gemeinschaftlich
- Zweck der Ordensgründung war eine katholische Erneuerungsbewegung
- Ausrichtung auch gegen die Reformatoren
- wirken besonders in geografischen Bereichen, in denen die katholische Kirche von den protestantischen Lehren bedroht war
- Einrichtung von Schulen und Universitäten
- Förderung von prunkvollen Zeremonien, um den katholischen Glauben zu feiern, damit auch Förderung des prunkvollen, barocken Baustils
- Arbeit als Missionare auch in Gebieten, die noch nicht christlich waren

1. Formuliere auf Grundlage der obigen Kurzinformationen einen Lexikonartikel.
2. Überlege, warum es den Jesuiten so wichtig war, in Schulen und Universitäten tätig zu sein.
3. Die Jesuiten wirkten auch in Ländern, in denen es ihnen eigentlich verboten war. Warum konnten sie das oft tun, ohne groß aufzufallen?
4. Kennst du auch heute noch Einrichtungen der Jesuiten in deiner Gegend? Erkundige dich und stelle die Ergebnisse der Klasse vor.

EIN GLAUBE – VIELE KIRCHEN?

SCHLAGLICHTER DER KIRCHENGESCHICHTE

Kirche in der Zwangslage – die Kirche und die Nazis

Ein beachtenswertes Kapitel der Kirchengeschichte in der neueren Zeit stellt die Phase des Nationalsozialismus in Deutschland dar. Aufgrund der Religionsfeindlichkeit der Nazis war es sowohl für die katholische wie auch für die protestantische Kirche nötig, Vereinbarungen mit dem Regime zu treffen oder Wege zu finden, um die Religionsausübung trotz staatlicher Restriktionen gewährleisten zu können. In diesem Kapitel soll das Agieren beider Kirchen betrachtet werden. Für die Nationalsozialisten waren die Kirchen ein Ärgernis, da gläubige Christen, die ihren Glauben auch aktiv lebten, für die staatliche Propaganda unempfänglich waren: Wer seinen Nächsten im christlichen Sinne liebte, der konnte den Hetzreden gegen die Juden keinen Glauben schenken, der konnte es nicht dulden, dass Behinderte und Kranke in Euthanasie-Programmen getötet wurden und natürlich konnte er auch keinen Krieg gutheißen, der die Grenzen der Macht ausdehnen sollte. Ein Christ verleumdete seinen Nachbarn nicht und zeigte ihn nicht anonym an und entzog sich damit der staatlichen Kontrolle. Christsein hieß im Dritten Reich passiv Widerstand zu leisten. Schon alleine deshalb mussten auch die Nazis gegen die Kirchen vorgehen, um diesen Widerstand zu brechen oder um ihm zumindest entgegenzutreten.

„Ja" dem Führer (S. 64)

Anhand des vorliegenden Bildes sollen die Schüler gedanklich in die Zeit der Nazis versetzt werden. Sie sollen ihr Vorwissen zu diesem Thema aktivieren und die Zeitumstände im Gedächtnis behalten, während sie die Aufgaben der Arbeitsblätter lösen, um zu verstehen, vor welchem Hintergrund die Vertreter der Kirchen agieren mussten.

Kopieren Sie die Vorlage (zusätzlich) auf Folie.

1. Das Bild zeigt ein Gebäude, an dem Fahnen mit Hakenkreuzen, dem Symbol der Nationalsozialisten, aufgehängt sind. In der Mitte ist ein Transparent angebracht mit der Aufschrift „Ja dem Führer"!
2. Das Bild stammt aus der Epoche der Nationalsozialisten, die in Deutschland von 1933 bis 1945 tonangebend waren. In diese Zeit fallen auch der Zweite Weltkrieg (1939–1945) sowie die Verfolgung der Juden und anderer nicht-arischer Gruppen.
3. *Hier sollen die Schüler ihr Wissen aus dem Geschichtsunterricht aktivieren und ihre Kenntnisse über diese Zeit präsentieren. Wichtig ist vor allem, dass Adolf Hitler als Führer diese Zeit prägte und sich in einem Personenkult verehren ließ. In öffentlichen Gebäuden und in allen Klassenzimmern waren Bilder von Adolf Hitler zu finden.*

Nazis und Religion (S. 65)

Ein Thema, das im Geschichtsunterricht in der Regel zu kurz kommt, ist das Verhältnis der Nazis zur Religion. Deutschland war zur Zeit der Nationalsozialisten mehrheitlich christlich geprägt, es fanden sich sowohl Protestanten wie auch Katholiken. Für die Nazis war dies nicht dienlich, denn die Lehren und das Menschenbild der Nazis waren mit dem christlichen Glauben nicht vereinbar. So wandelte sich auch das Verhältnis der Nazis zu den Kirchen im Laufe der Jahre.
Auf dem Arbeitsblatt finden sich drei verschiedene Aussagen zur christlichen Religion aus unterschiedlichen Zeiten: Das erste findet sich in Adolf Hitlers „Mein Kampf", das er vor seiner Machtübernahme verfasste. Das zweite Zitat stammt aus dem Jahr 1933, als die Nazis wenige Wochen an der Macht waren, und das dritte aus dem Jahr 1941, also zur Zeit des Krieges.

1. Im ersten Zitat stellt Hitler seinen Judenhass als Erfüllung eines Gottesauftrages dar. Er sieht sich somit als Erfüllungsgehilfe Gottes auf Erden.
Im zweiten Zitat kehrt er die Aufgabenverteilung etwas um: Die Kirchen erhalten das deutsche Volkstum und sind somit Träger der deutschen Kultur.
Im dritten Zitat stehen Kirche und Nationalsozialismus auf Konfrontationskurs zueinander. Denn

Schlaglichter der Kirchengeschichte

laut Bormann entstammt das Christentum dem jüdischen Glauben und der Nationalsozialismus verfolgt alles Jüdische, um es zu vernichten. Somit ist es für die Nazis wichtig, das Christentum aus dem Gedächtnis der Deutschen zu verbannen, indem man die Kinder nicht mehr christlich erzieht.

2. Zunächst ist die Haltung zur Kirche positiv, Kirche wird als nützlich dargestellt, Hitler als Erfüllungsgehilfe Gottes gepriesen. Diese Meinung stammt aus der Zeit, in der die Nazis noch nicht alle Fäden der Staatslenkung in der Hand haben. 1941 ist dies anders: Niemand wagt es mehr, sich den Nazis zu widersetzen. Nun können sie ihr wahres Gesicht zeigen und ihre ehrliche Haltung zum Christentum präsentieren.
3. Das Christentum hat wesentliche Elemente/Lehren vom Judentum übernommen.
Die Lehren des Christentums stehen unter den nationalsozialistischen Lehren.
Die Kirche kann mit ihrem Einfluss der Führung der NSDAP schaden.
Die Kirche wird sich gegen Minderung der Einflussnahme wehren.
Die Kirche darf niemals mehr Einfluss auf die Volksführung erhalten.
Die Kirche wird auf eine Stufe gestellt mit Astrologen, Wahrsagern und Schwindlern.
4. *Es soll ein gut formulierter Brief aus Sicht eines christlichen Priesters erstellt werden.*

Vereinbarungen zwischen den Nazis und der katholischen Kirche (S. 66)

Zunächst soll die Beziehung zwischen den Nazis und der katholischen Kirche betrachtet werden. War die Lage anfangs angespannt und wehrten sich die katholischen Kleriker zunächst heftig gegen die Nationalsozialisten, so änderte sich dies mit dem im Juli 1933 geschlossenen Reichskonkordat, mit dem auf der einen Seite die Kirche versuchte, ihre Stellung in Deutschland zu bewahren und ihren Einfluss nicht zu verlieren, auf der anderen Seite die Nationalsozialisten die Kirche als Kritikerin ruhig stellen konnte.

1. *Hier sollen die Schüler jede Vereinbarung dahingehend überprüfen, ob sie logisch nachvollziehbar sind oder ob es Fragen dazu gibt.*
2. *Von folgenden Regeln sind die Schüler wahrscheinlich direkt betroffen (dies heißt nicht, dass nicht einige andere Regeln bis heute gelten):*
Freiheit der Ausübung der katholischen Religion
Schutz des Beichtgeheimnisses
Kirchen dürfen Kirchensteuer erheben *(zumindest wird dies die Schüler später betreffen)*
Katholischer Religionsunterricht als ordentliches Lehrfach an den Schulen *(gültig für Katholiken in den meisten Bundesländern)*

„Mit brennender Sorge" (S. 67)

Bereits 1937, also vier Jahre nach der Unterzeichnung des Reichskonkordats, war die Lage der Katholiken in Deutschland für den Papst so unerträglich, dass er sich mit einer Enzyklika an die Christenheit wandte. Priester und Kleriker allgemein wurden in Deutschland weiterhin unterdrückt, die freie Religionsausübung war immer noch nicht möglich und christliche Vereinigungen mussten mit Repressalien rechnen. Dies war nicht hinnehmbar. Da es in Deutschland nicht möglich war, das Dokument öffentlich zu kopieren und man damit rechnen musste, dass es den Nazis zu Gesicht gekommen und aus dem Verkehr gezogen worden wäre, ließ man es heimlich vervielfältigen und verteilen sowie an einem gemeinsamen Termin überall verlesen, sodass ein Einschreiten der Behörden nicht mehr möglich war.
Der vorliegende Text ist für Schüler möglicherweise nicht sehr einfach zu verstehen, da er in keiner eingängigen Sprache formuliert wurde. Es empfiehlt sich, durch Rückfragen sicherzustellen, dass der Inhalt von den Schülern verstanden wurde.

1. Die Enzyklika war notwendig, da sich die Bedingungen für die Kirche in Deutschland nicht so darstellten, wie sie vertraglich mit den Nazis vereinbart waren. Weiterhin mussten Repressalien und ungerechtfertigte Vorwürfe ertragen werden, die von den Nazis ungeliebte Geistliche ins Gefängnis oder KZ brachten.

SCHLAGLICHTER DER KIRCHENGESCHICHTE

2. Erster Absatz: Der Papst nimmt voll Sorge wahr, dass die Christen in Deutschland bedrängt werden. Zweiter Absatz: Der Glaube an Gott ist korrekt, nicht der Glaube an altgermanische, heidnische Kulte. Dritter Absatz: Die Gebote Gottes gelten für alle – ohne Berücksichtigung von Rasse, Hautfarbe oder Geschlecht.
3. Die Enzyklika wurde überall fast zeitgleich verlesen, damit die Nazis nichts mehr unternehmen konnten, um das Verlesen zu verhindern. Wäre diese Aktion zeitversetzt gestartet worden, so wäre es sicherlich bei späteren Terminen nicht mehr möglich gewesen, den Text vorzutragen.
4. *Es wird ein Zeitungsbericht der Schüler erwartet, der sich kritisch mit der Enzyklika auseinandersetzt. Die Schüler sollen dadurch begreifen, dass die päpstliche Botschaft in krassem Gegensatz zu den Ansichten des Staates stand und es durchaus ein Risiko darstellen konnte, die Enzyklika in der Öffentlichkeit gutzuheißen.*

Deutsche Christen (S. 68)

Mit den Deutschen Christen (DC) wird hier eine Gruppe vorgestellt, die sich mit dem nationalsozialistischen Staat arrangieren konnte und deren Ansichten sich mit den staatlichen Vorgaben deckten. Die DC entstammen protestantischer Provenienz, dies bedeutet aber keinesfalls, dass alle Protestanten den Nazis zugeneigt waren. Es gab sehr viele Gruppen, die sich gegen den Staat stellten und die staatlichen Anordnungen und Programme unterwanderten. Den Schülern soll auch deutlich gemacht werden, dass die DC nur eine Strömung innerhalb des Christentums waren und sie eine Minderheit darstellten.

1. Auf dem Bild sind Personen zu sehen, die auf einer Treppe stehen, die zu einem Gebäude führt. Die Personen bilden ein Spalier, am Kopf der Treppe, in der Mitte des Spaliers, steht eine Person im Priestergewand. Die Personen (allesamt Männer) im Spalier tragen militärische Uniformen, einige Armbinden mit Hakenkreuz. Im Hintergrund sind Fahnen mit Hakenkreuzen zu erkennen. Die Personen auf dem Bild, auch der Priester, heben den rechten Arm zum Führergruß.
Mit Ausnahme des Priesters befinden sich keine Kleriker auf dem Bild, kein Kirchengebäude ist zu erkennen oder ein anderes religiöses Symbol. Man kann somit nicht zwingend auf eine religiöse Veranstaltung schließen.
2. Der Verfasser sieht die Rassenforschung als Fortschritt, die zur Erkenntnis geführt hat, dass eine Blutsmischung von germanischen und nicht-germanischen Völkern negative Folgen hat. Die logische Schlussfolgerung ist, dass man eine derartige Vermischung verhindern muss.
Religion wird als höchstes Kulturgut eines Volkes beschrieben. Wenn also die Rasse rein sein muss, dann muss es die Religion auch sein. Und für das Christentum bedeutet das, sich vom Judentum, aus dem das Christentum entstammt, zu lösen.
3. Im Jahr 1917 wurde das 400. Jubiläum des Thesenanschlags Martin Luthers gefeiert. Es handelte sich um 95 Thesen. Dies entspricht auch der Zahl der Thesen der Deutschen Christen. Die DC stellen sich also in die Tradition Luthers, der durch seine Thesen eine Revolution in der Kirche auslöste.

Helfen trotz Lebensgefahr (S. 69)

Neben allem öffentlichen Wirken der hohen geistlichen Würdenträger bis hinauf in den Vatikan gab es eine große Zahl von Christen, die in ihrem Umfeld in christlichem Sinne wirkten und sich nicht von staatlichen Regelungen beeinflussen ließen. Sie halfen ihren Mitmenschen und retteten vielen von ihnen das Leben. Oder sie machten auf Missstände aufmerksam, die mit dem christlichen Glauben nicht zu vereinbaren waren. Mit diesem Handeln riskierten sie oftmals ihr Leben.

1. Bischof Clemens August warnt vor der ständigen Bespitzelung durch die GeStaPo, die ihre Ziele durch Freiheitsberaubung verfolgte. Und er kritisiert, dass Menschen in Deutschland nur auf ihre Produktivität hin betrachtet wurden.
Carl Lampert steht für seinen Glauben und seinen Treueschwur für die Kirche ein. Er entlarvt Hitlers „Mein Kampf" als das, was es ist: eine Hassschrift.
Die „Pfarrhauskette" bot Verfolgten Quartier und rettete ihnen somit das Leben.

Alle drei Personen / Gruppen leisteten Widerstand, weil sie sich staatlichen Anordnungen widersetzten und sich nicht beeinflussen ließen. Sie riskierten lieber ihr Leben für ihre Überzeugung, als sich moralisch schuldig zu machen. Dies unterwanderte die Autorität der Nazis und wurde oftmals mit dem Tode bestraft.

2. *Es sind verschiedene Motivationen denkbar, z. B.:*
   - *Verwurzelung im Glauben und überzeugtes Handeln nach den christlichen Lehren*
   - *Hass auf die Nazis und Unterwanderung deren Autorität mit aufsässigem Verhalten*
   - *Loyalität gegenüber Freunden, denen man hilft*

SCHLAGLICHTER DER KIRCHENGESCHICHTE

„Ja" dem Führer

1. Beschreibe das Bild.
2. An welche Epoche der deutschen Geschichte erinnert es dich?
3. Was weißt du darüber?

Schlaglichter der Kirchengeschichte

Nazis und Religion

„Indem ich mich des Juden erwehre, erfülle ich das Werk des Herrn."
(Adolf Hitler, in „Mein Kampf")

„Die nationale Regierung sieht in den beiden christlichen Konfessionen die wichtigsten Faktoren zur Erhaltung unseres Volkstums"
(Adolf Hitler in einer Regierungserklärung, März 1933)

„Nationalsozialistische und christliche Auffassungen sind unvereinbar. […] Unser nationalsozialistisches Weltbild steht weit höher als die Auffassungen des Christentums, die in ihren wesentlichen Punkten vom Judentum übernommen worden sind. Auch aus diesem Grunde bedürfen wir des Christentums nicht. […] Wenn also unsere Jugend künftig einmal von diesem Christentum […] nichts mehr erfährt, wird das Christentum von selbst verschwinden. […] Aus der Unvereinbarkeit nationalsozialistischer und christlicher Auffassungen folgt, dass eine Stärkung bestehender und jede Förderung entstehender christlicher Konfessionen von uns abzulehnen ist. Ein Unterschied zwischen den verschiedenen christlichen Konfessionen ist hier nicht zu machen. […] Zum ersten Male in der deutschen Geschichte hat der Führer bewusst und vollständig die Volksführung selbst in der Hand. Mit der Partei, ihren Gliederungen und angeschlossenen Verbänden hat der Führer sich und damit der deutschen Reichsführung ein Instrument geschaffen, das ihn von der Kirche unabhängig macht. Alle Einflüsse, die die durch den Führer mithilfe der NSDAP ausgeübte Volksführung beeinträchtigen oder gar schädigen konnten, müssen ausgeschaltet werden. Immer mehr muss das Volk den Kirchen und ihren Organen, den Pfarrern, entwunden werden. Selbstverständlich werden und müssen die Kirchen, von ihrem Standpunkt betrachtet, sich gegen diese Machteinbuße wehren. Niemals aber darf den Kirchen wieder ein Einfluss auf die Volksführung eingeräumt werden. Dieser muss restlos und endgültig gebrochen werden. Nur die Reichsführung und in ihrem Auftrag die Partei, ihre Gliederungen und angeschlossenen Verbände haben ein Recht zur Volksführung. Ebenso wie die schädlichen Einflüsse der Astrologen, Wahrsager und sonstigen Schwindler ausgeschaltet und durch den Staat unterdrückt werden, muss auch die Einflussmöglichkeit der Kirche restlos beseitigt werden. Erst, wenn dieses geschehen ist, hat die Staatsführung den vollen Einfluss auf die einzelnen Volksgenossen. Erst dann sind Volk und Reich für alle Zukunft in ihrem Bestande gesichert."
(Martin Bormann, Sekretär des Führers, Geheimerlass an alle Gauleiter des Reiches, Juni 1941)

1. Vergleiche die drei Aussagen, die sich mit der christlichen Religion beschäftigen.
2. Die Aussagen stammen aus verschiedenen Phasen des Nazi-Regimes. Beschreibe, welche Entwicklung du feststellen kannst.
3. Fasse zusammen, was im dritten Text (von Martin Bormann) über das Christentum und die Kirchen geschrieben wird.
4. Versetze dich in die Lage eines Priesters, der von diesem Text Kenntnis erlangt und verfasse eine Gegendarstellung an Martin Bormann.

SCHLAGLICHTER DER KIRCHENGESCHICHTE

Vereinbarungen zwischen den Nazis und der katholischen Kirche

1 Im April erließ die nationalsozialistische Regierung im Deutschen Reich ein Gesetz, das auch Pastoren jüdischer Herkunft die Entlassung androhte. Die Jungreformatorische Bewegung erklärte in ihren „Grundsätzen zur neuen Gestaltung der Kirche":

> 5 „Wir bekennen uns zum Glauben an den Heiligen Geist und lehnen deshalb grundsätzlich die Ausschließung von Nicht-Ariern aus der Kirche ab; denn sie beruht auf einer Verwechslung von Staat und Kirche. Der Staat hat zu richten, die Kirche hat zu retten."

Die katholische Kirche hatte schon vor Hitlers Machtergreifung vor der nationalsozialistischen Politik gewarnt – in vorwiegend katholisch geprägten Gebieten erhielt diese Partei
10 bei den Wahlen bedeutend weniger Stimmen als in anderen Gebieten des Reiches. Nach mehreren positiven Äußerungen Hitlers gegenüber den Kirchen verstummte die Kritik aber. Im Juli 1933 schlossen der Vatikan und das Deutsche Reich das Reichskonkordat ab, in dem die wechselseitigen Rechte und Pflichten in 34 Artikeln festgehalten wurden. Wichtige Vereinbarungen waren:
15 • Freiheit der Ausübung der katholischen Religion
• Geistliche erhalten den gleichen staatlichen Schutz wie Staatsbeamte
• Kleriker und Ordensleute müssen keine öffentlichen Ämter übernehmen
• Schutz des Beichtgeheimnisses
• Kirchen dürfen Kirchensteuer erheben
20 • Treueeid der Bischöfe: „Vor Gott und auf die heiligen Evangelien schwöre und verspreche ich, so wie es einem Bischof geziemt, dem Deutschen Reich und dem Lande ... Treue. Ich schwöre und verspreche, die verfassungsmäßig gebildete Regierung zu achten und von meinem Klerus achten zu lassen. In der pflichtmäßigen Sorge um das Wohl und das Interesse des deutschen Staatswesens werde ich in Ausübung des mir
25 übertragenen geistlichen Amtes jeden Schaden zu verhüten trachten, der es bedrohen könnte."
• Katholischer Religionsunterricht als ordentliches Lehrfach an den Schulen
• keine Mitgliedschaften von Geistlichen und Ordensleuten in politischen Parteien oder Tätigkeit für solche Parteien
30 • Katholische Vereinigungen dürfen nur innerhalb staatlicher Verbände tätig werden, beispielsweise darf die Kolpingjugend nicht als solche offen auftreten.
• Geheimvereinbarungen: Sollte der Staat die militärische Mobilisierung anordnen, dann sind Priester, Professoren und einige andere Geistliche vom Militärdienst befreit. Andere werden dem Sanitätsdienst oder der Militärseelsorge zugeteilt.

1. Überprüfe die getroffenen Vereinbarungen. Kannst du alle nachvollziehen oder findest du einige seltsam? Welche?
2. Überlege, welche Vereinbarungen bis heute überlebt haben, von denen du konkret betroffen bist.

SCHLAGLICHTER DER KIRCHENGESCHICHTE

„Mit brennender Sorge"

Mit dem Reichskonkordat zwischen Deutschland und dem Heiligen Stuhl schien das Zerwürfnis zwischen Nationalsozialisten und katholischer Kirche ausgeräumt zu sein. Die Sicherheit war aber trügerisch: In Deutschland wurden immer wieder Priester wegen verschiedener Sexualdelikte angeklagt, katholische Vereinigungen konnten sich nicht frei betätigen und die Religion wurde zweckentfremdet. Deshalb veröffentlichte Papst Pius XI. vier Jahre nach Unterzeichnung eine Enzyklika, die sich mit dieser Problematik befasste. Hier einige Auszüge (in diesem spricht der Papst von sich im Plural):

> *Ehrwürdige Brüder! Gruß und Apostolischen Segen! Mit brennender Sorge und steigendem Befremden beobachten Wir seit geraumer Zeit den Leidensweg der Kirche, die wachsende Bedrängnis der ihr in Gesinnung und Tat treubleibenden Bekenner und Bekennerinnen inmitten des Landes und des Volkes, dem St. Bonifatius einst die Licht- und Frohbotschaft von Christus und dem Reiche Gottes gebracht hat. [...]*
>
> *Wer nach angeblich altgermanisch-vorchristlicher Vorstellung das düstere unpersönliche Schicksal an die Stelle des persönlichen Gottes rückt, leugnet Gottes Weisheit und Vorsehung, die kraftvoll und gütig von einem Ende der Welt zum anderen waltet und alles zum guten Ende leitet. Ein solcher kann nicht beanspruchen, zu den Gottgläubigen gerechnet zu werden. [...]*
>
> *Dieser Gott hat in souveräner Fassung Seine Gebote gegeben. Sie gelten unabhängig von Zeit und Raum, von Land und Rasse. So wie Gottes Sonne über allem leuchtet, was Menschenantlitz trägt, so kennt auch Sein Gesetz keine Vorrechte und Ausnahmen. Regierende und Regierte, Gekrönte und Ungekrönte, Hoch und Niedrig, Reich und Arm stehen gleichermaßen unter Seinem Wort. Aus der Totalität Seiner Schöpferrechte fließt seinsgemäß die Totalität Seines Gehorsamsanspruchs an die Einzelnen und an alle Arten von Gemeinschaften. Dieser Gehorsamsanspruch erfasst alle Lebensbereiche, in denen sittliche Fragen die Auseinandersetzung mit dem Gottesgesetz fordern und damit die Einordnung wandelbarer Menschensatzung in das Gefüge der unwandelbaren Gottessatzung. [...]*

Der Text der Enzyklika konnte in Deutschland nicht offen verbreitet werden. So wurden die Schriftsätze heimlich in Druckereien vervielfältigt und danach verteilt. Am Palmsonntag 1937 wurde die Enzyklika in allen katholischen Gemeinden fast zeitgleich verlesen. Die Nazis waren von dieser Aktion überrascht, reagierten aber prompt und setzten der katholischen Kirche weiterhin zu, bedrängten Ordensleute, verboten Jugendorganisationen und drängten die Kirche in weiten Teilen aus dem Schuldienst.

1. Erkläre, warum das Verfassen dieser Enzyklika für den Papst notwendig geworden war.
2. Fasse kurz zusammen, wogegen sich die einzelnen Absätze richten.
3. Begründe, warum die Enzyklika fast zeitgleich verlesen wurde.
4. Verfasse einen Zeitungsartikel, der vom Verlesen der Enzyklika berichtet.

KIRCHE IN DER ZWANGSLAGE – DIE KIRCHE UND DIE NAZIS

SCHLAGLICHTER DER KIRCHENGESCHICHTE

Deutsche Christen

Wie die Katholiken konnten sich auch die Protestanten mehrheitlich mit der Einstellung Hitlers zur Religion nicht zufriedengeben. Innerhalb der protestantischen Kirche gab es mehrere Bewegungen, die versuchten, sich mit möglichst geringen Einschränkungen mit dem Staat zu arrangieren. Allerdings gab es auch die Strömung der „Deutschen Christen", die anstrebte, Religion und Staat miteinander zu verknüpfen.
Bereits 1917 veröffentlichten die Deutschen Christen 95 Thesen, in denen es unter anderem heißt:

> „Die neuere Rassenforschung endlich hat uns die Augen geöffnet für die verderblichen Wirkungen der Blutsmischung zwischen germanischen und nicht-germanischen Volksangehörigen und mahnt uns, mit allen Kräften dahin zu streben, unser Volkstum möglichst rein und in sich geschlossen zu halten.
> Religion ist die innerste Kraft und feinste Blüte im geistigen Leben eines Volkes, kann aber nur in völkischer Ausprägung kulturkräftig wirken [...] Eine innigere Verbindung zwischen Deutschtum und Christentum ist nur zu erreichen, wenn dieses aus der unnatürlichen Verbindung gelöst wird, in der es nach bloßem Herkommen mit der jüdischen Religion steht."

Auf dem Höhepunkt ihres Einflusses befanden sich die Deutschen Christen 1933. In diesem Jahr ergriff Adolf Hitler im Radio öffentlich Partei für die Deutschen Christen. Außerdem wurde der Deutsche-Christen-Leiter in Ostpreußen, Ludwig Müller, zum Sonderbeauftragten für Kirchenfragen ernannt, die Deutschen Christen beriefen ihn daraufhin zu ihrem Schirmherren.
Auf dem Bild ist Ludwig Müller (im Priestergewand) zu sehen:

1. Beschreibe das Bild. Würdest du eine religiöse Veranstaltung erkennen? Warum (nicht)?
2. Fasse die oben stehende Behauptung der Deutschen Christen in eigenen Worten zusammen und begründe, warum man diese so nicht akzeptieren kann.
3. Recherchiere, was es mit dem Jahr 1917 und den 95 Thesen auf sich hat.

KIRCHE IN DER ZWANGSLAGE – DIE KIRCHE UND DIE NAZIS

SCHLAGLICHTER DER KIRCHENGESCHICHTE

Helfen trotz Lebensgefahr

Obwohl Widerstand gegen die Nationalsozialisten im Dritten Reich stets mit Lebensgefahr verbunden war, trotzten etliche Christen dieser Drohung und wandten sich gegen staatliche Repressalien und menschenverachtendes Handeln.

Aus Predigten des Bischofs Clemens August von Galen 1941:
„Der physischen Übermacht der Geheimen Staatspolizei steht jeder deutsche Staatsbürger völlig schutzlos und wehrlos gegenüber. […] Keiner von uns ist sicher, und mag er sich bewusst sein, der treueste, gewissenhafteste Staatsbürger zu sein, mag er sich völliger Schuldlosigkeit bewusst sein, dass er nicht eines Tages aus seiner Wohnung geholt, seiner Freiheit beraubt, in den Kellern und Konzentrationslagern der Geheimen Staatspolizei eingesperrt wird."
„Arme Menschen, kranke Menschen, unproduktive Menschen meinetwegen! Aber haben sie damit das Recht auf das Leben verwirkt? Hast du, habe ich nur so lange das Recht zu leben, solange wir produktiv sind, solange wir von den anderen als produktiv anerkannt werden?"

Der Priester Carl Lampert wurde 1941 aufgrund eines Komplotts gegen seine Person verhaftet und verhört. Dabei fielen folgende Worte:
Vorsitzender Trettin: „Herr Lampert, sind Sie doch vernünftig, verlassen Sie die Kirche und das Priestertum. Das ist doch alles nur Hokuspokus. Zeugen Sie Kinder für den Führer Adolf Hitler. Ich werde Ihnen einen guten Posten verschaffen!"
Lampert: „Herr Kommissar, ich liebe meine Kirche. Ich bleibe meiner Kirche treu und auch dem Priesteramt: Ich stehe für Christus und liebe seine Kirche!"
Vorsitzender Trettin: „Was schätzen Sie höher: das Evangelium oder Hitlers ‚Mein Kampf'?"
Lampert: „Das Evangelium ist Gottes Wort und verkündet die Liebe. Das Buch des Herrn Hitler ist das Werk eines Menschen und predigt den Hass!"

Lampert wurde 1944 durch das Fallbeil hingerichtet.

In Württemberg gab es die sogenannte „Pfarrhauskette", eine Gruppe von Pfarrern und ihren Angehörigen, die in den Kirchen oder Privathäusern Juden und andere Verfolgte aufnahmen. Sie gaben die Flüchtigen als Familienmitglieder oder Menschen aus, die ihre Wohnung bei den Bombenangriffen der Alliierten verloren hatten. Die Flüchtigen blieben immer nur sehr kurze Zeit, bevor sie in ein neues Quartier zogen. So gelang es vielen von ihnen, die Verfolgung zu überleben.

1. Zeige auf, wie die aufgeführten Personen / Gruppen helfen und inwiefern sie dadurch Widerstand leisten.
2. Überlege, welche Motivation Menschen haben könnten, um unter Lebensgefahr anderen zu helfen und Widerstand gegen den Staat zu leisten.

SCHLAGLICHTER DER KIRCHENGESCHICHTE

Kirche auf dem Weg in die Moderne – das Zweite Vatikanische Konzil

Das 20. Jahrhundert stand für die Kirchen nicht nur im Zeichen von Bedrängnis und Sorge. Für die katholische Kirche bedeutete es auch eine Öffnung und eine Modernisierung. Während sich das Erste Vatikanische Konzil im 19. Jahrhundert (1868–1870) insbesondere gegen Irrlehren richtete und die Unfehlbarkeit des Papstes bei endgültigen Entscheidungen in Glaubens- und Sittenlehren beschloss, schlug das Zweite Vatikanische Konzil (1962–1965) einen anderen Weg ein. Ziel war eine pastorale und ökumenische Erneuerung („aggiornamento"). Johannes XXIII., der Initiator des Konzils, sah die Notwendigkeit, dogmatische Lehrsätze im Zeichen der Zeit neu zu deuten und zu aktualisieren. Mit dem Ende des Konzils war die Reform aber nicht abgeschlossen, sondern nur der erste Schritt getan. Papst Paul VI. setzte während seiner Amtszeit einige Beschlüsse kraft seines Amtes um, andere Belange wurden in regionalen Synoden geklärt. Hierzu zählt die Würzburger Synode, auf welcher sich die deutschen Bischöfe über die Umsetzung des Zweiten Vatikanischen Konzils Gedanken machten.

Die Schüler sollen in diesem Kapitel erfahren, dass die Kirche mit dem Zweiten Vatikanischen Konzil eine Öffnung und Modernisierung anstrebte. Sie werden informiert über einige Zustände und Formalia innerhalb der Kirche, die sich geändert haben und die den Schülern heute nicht mehr bewusst sein können (z. B. Gottesdienst in lateinischer Sprache …). Nicht zuletzt sollen die Schüler aber auch erfahren, dass die Erneuerung der Kirche bei Weitem nicht abgeschlossen ist, sondern ein dauerhafter Prozess sein muss.

Zwei Päpste, zwei Selbstdarstellungen (S. 75)

Mächtige Personen ließen und lassen sich auf verschiedene Weise darstellen. Mit diesen Darstellungen wollen sie in der Regel etwas über ihre Person oder ihr Amt ausdrücken. Dies ist seit Jahrtausenden beispielsweise bei Königen der Fall. Den Schülern werden nun zwei Papstbildnisse gegenübergestellt: Zum einen sehen sie Pius XII., und zum anderen Paul VI., den zweiten Konzilspapst. Beide sind nicht als die konservativsten Päpste bekannt, dennoch unterscheiden sie sich in ihrer Selbstdarstellung. Die Schüler sollen durch das Betrachten und Analysieren der Bilder erkennen, dass Pius XII. und Paul VI. durch ihr Bildnis unterschiedliche Programme verkörpern, wobei Paul VI. den aktuellen Bischofsdarstellungen, welche die Schüler möglicherweise kennen, ähneln dürfte, während Pius XII. eher etwas befremdlich wirken dürfte.

Kopieren Sie die Vorlage (zusätzlich) auf Folie.

1. Vergleich der Darstellungen:
   - Auf beiden Bildern sind Päpste zu sehen.
   - Beide Päpste sitzen auf einer Art erhobenem Stuhl/Thron.
   - Beide tragen festliche Gewänder in heller (weißer) Farbe.
   - Pius XII. trägt eine Krone (Tiara), hinter ihm steht ein Fächer aus Federn. Er blickt nicht zum Fotografen und erhebt die Hand zum Kreuzzeichen.
   - Paul VI. trägt eine Bischofsmütze (Mitra). Die Hände sind gefaltet. Er befindet sich offensichtlich in einer Kirche. An seinen Seiten stehen zwei Männer, die ihm das Gewand halten, leicht versetzt steht ein weiterer Kleriker. Etwas entfernt stehen zwei Männer in Schwarz, die wie Leibwächter aussehen. Im Vordergrund ist ein gespanntes, rotes Seil zu sehen, das den Papst mit seinem Gefolge von den Betrachtern trennt.
   - Auf der linken Seite wirkt der Papst wie eine Art Regent, der auf seine Untergebenen blickt. Der Papst auf der rechten Seite wirkt zwar immer noch abgeschirmt, die Situation erinnert aber eher an einen Gottesdienst, also an eine religiöse Handlung.
2. *Die Schüler sollen begründet entscheiden, welcher Papst ihnen sympathischer ist.*
   Hintergrundinformation: Paul VI. hat die herrschaftlichen Symbole des Papsttums (Tiara, Federfächer) während seiner Amtszeit nicht (oder nur selten) genutzt und statt der Zeichen der Macht die Zeichen des Hirten (Mitra) angelegt.

SCHLAGLICHTER DER KIRCHENGESCHICHTE

Ecclesia semper reformanda – Die Kirche braucht stets eine Erneuerung (S. 76)

Die Kritik an der Kirche hört nicht auf. In den Medien finden sich ständig Texte, die den Umgang mit Geschiedenen bemängeln, den Umgang mit Sexualität, die Rolle der Frau in der Kirche, die vermeintliche Fortschrittsfeindlichkeit etc. Die Liste ließe sich wohl beliebig fortsetzen. Kritik an der Kirche ist keineswegs neu und Veränderungen geschehen nur langsam. Auch Schülern muss es erlaubt sein, Kirche als Institution zu kritisieren und Verbesserungen zu wünschen. So will es der Beschluss der Würzburger Synode zum Religionsunterricht: Schüler sollen im Religionsunterricht zu mündigen Christen erzogen werden. Auf dem Arbeitsblatt wird aber keine unreflektierte Kritik erwartet, die nur das nacherzählt, was Schüler aus ihrem Umfeld hören. Die Jugendlichen haben sicher ihre eigenen Erfahrungen mit der Institution Kirche gemacht und können daraus Gutes wie auch Negatives schöpfen. Es soll ihnen hier Gelegenheit gegeben werden, diese Erfahrungen zu Papier zu bringen und mit ihren Mitschülern anschließend zu diskutieren. Dabei sollte die Lehrkraft darauf achten, dass die Kritikpunkte nicht zu allgemein und unreflektiert vorgetragen werden.

Die Schüler sollten ebenfalls nicht mit ihrer Kritik alleine gelassen werden. Es erscheint nicht sinnvoll, lediglich Kritik üben zu lassen, ohne eine Lösung anzubieten und gegebenenfalls Gegenbeispiele aufzuzeigen. Es sollte den Mitschülern auch Gelegenheit gegeben werden, sich zu den Kritikpunkten zu äußern und kein rein negatives Bild von Kirche im Raum stehen zu lassen. Dies wäre nicht das Ziel des Religionsunterrichts.

Die Konzilspäpste: Johannes XXIII. und Paul VI. (S. 77)

In einem patriarchaischen System erscheint es sinnvoll, die beiden Päpste vorzustellen, die das Konzil angestoßen bzw. fortgeführt und Teile der Beschlüsse umgesetzt haben. Deshalb erhalten die Schüler einen kurzen Überblick über den Lebenslauf der beiden Männer. Aus Rücksicht auf den vorhandenen Platz kann dies nur sehr knapp geschehen.

1. Durch hohe Kirchenämter knüpft man Kontakte zu Personen, die ebenfalls hohe Kirchenämter innehaben. Man macht sich einen Namen, der über die Orts- und Landesgrenzen hinaus bekannt ist. Dies ist für eine Wahl vorteilhaft. Aufgrund der fundierten Bildung, die beide genossen haben, haben sie auch den kognitiven Hintergrund, um das Amt des Papstes ausführen zu können sowie den geistigen Anforderungen zu genügen. Durch die Arbeit als Diplomat lernt man verschiedene Länder kennen und erfährt, wie es der Kirche und den Gläubigen in diesen Ländern ergeht. Das erweitert das Blickfeld auf die Weltkirche und verengt die Sichtweise nicht nur auf die römische Kirche.
2. Herrschaftssymbole zeigen, dass man sich vom normalen Volk abhebt und Macht über dieses Volk hat. Dies unterscheidet einen Herrscher von einem Nicht-Herrscher. Sowohl Johannes XXIII. als auch Paul VI. versuchten allerdings, sich dem Volk zu nähern und die Kirche zu öffnen. Dabei sind Macht- und Statussymbole eher hinderlich. Durch das Tragen der Mitra statt der Tiara wird den Katholiken beispielsweise gezeigt, dass man sich nicht als **Herrscher über** die Christen sieht, sondern als **Hirte für** die Christen.

Gemeinsam kommen wir ans Ziel (S. 78)

Das heute vielgelobte Zweite Vatikanische Konzil sorgte schon bei seiner Ankündigung 1959 nicht nur für Begeisterung. Denn jede Medaille hat zwei Seiten: Einerseits bringen Veränderungen für bestimmte Menschen Vorteile mit sich, für manche andererseits auch Nachteile. Die Mitglieder der Kurie um den Papst fürchteten rasch, in ihrer Macht und in ihrem Einfluss beschnitten zu werden und versuchten frühzeitig, möglichst viele Weichen hinsichtlich der Planung, des Personals und der Themen zu stellen. Dass die Konzilsmitglieder frühzeitig anfingen, sich dagegen zu wehren, spricht für den Geist des Konzils und die Aufbruchsstimmung innerhalb der Kleriker.

KIRCHE AUF DEM WEG IN DIE MODERNE – DAS ZWEITE VATIKANISCHE KONZIL

SCHLAGLICHTER DER KIRCHENGESCHICHTE

Die Schüler sollen sich anhand des vorliegenden Arbeitsblattes bewusst werden, dass ein Konzil eine umfangreiche Planung erfordert und nicht nur Fürsprecher hat.

1. Nachteile haben jene zu erwarten, die Ämter bekleiden oder Positionen vertreten, die mit dem Gedanken des Konzils nicht vereinbar sind. Da ein Konzil meist Neuerungen hervorbringen soll, dürften diejenigen um ihre Macht gefürchtet haben, die sich Neuerungen gegenüber eher verschließen wollten. Ebenso dürften sich Personen benachteiligt gefühlt haben, die in „Wartestellung" auf eben jene Positionen standen und die vielleicht nicht mehr zum Zuge kommen würden.
2. *Diese Aufgabe können die Schüler in Gruppen bewältigen. Gefordert ist eine Konzilsplanung unter Berücksichtigung der aufgeführten Stichpunkte. Die Schüler sollen sich dabei nicht in Details verlieren und gar die einzelnen Themen festlegen, sondern nur die Rahmenbedingungen planen.*
Die Sicherung kann in Form eines Plakats erfolgen, welches den anderen Gruppen / Mitschülern vorgestellt werden kann. Auch ein Organigramm ist denkbar.

Das Zweite Vatikanische Konzil (S. 79)

Dieses Konzil ist das bislang letzte und zugleich wohl größte ökumenische Konzil der Kirchengeschichte. Deshalb betreffen die Nachwirkungen dieser Versammlung die Katholiken bis heute.
Die Schüler sollen erfahren, dass das Zweite Vatikanische Konzil ein großes und wegweisendes Konzil war, dessen Beschlüsse bis heute nicht vollständig umgesetzt sind.

1. Das Konzil zog sich über drei Jahre, da es sich immer nur um Sitzungsperioden handelte. Dazwischen tagten die Arbeitsgruppen, um den Konzilsmitgliedern neue Vorlagen bieten zu können. Die Kleriker verbrachten also nur einen geringen Teil des Jahres im Vatikan, den Rest der Zeit gingen sie ihren Aufgaben nach und erfüllten ihre Amtspflichten in ihren Diözesen.
Wie im Text schon angedeutet, haben sich auch mehrere Gruppierungen mit verschiedenen Ansichten gebildet. Die Zeit außerhalb des Vatikans konnte man zum Austausch mit nur einzelnen Mitgliedern nutzen, um die jeweiligen Positionen zu erfahren.
2. Die Tiara stellt ein Herrschaftssymbol dar, sie ist eine Krone. Bei der Mitra handelt es sich um das Symbol für einen Hirten, der sich um seine Herde kümmert. Johannes XXIII. wollte nicht als Herrscher über die Konzilsväter und alle Katholiken gesehen werden, sondern als besorgter Hirte, der Veränderungen zum Wohle seines Volkes herbeiführen wollte.
3. Nach dem Konzil war die Umbruchstimmung gewaltig und Paul VI. setzte viele Beschlüsse um. Manche davon sind aber sehr weitreichend und stoßen immer wieder auf Widerstand. Oder sie sind sehr langwierig, denn viele Punkte sind zwar verankert, man tut sich aber schwer, die Katholiken daran zu gewöhnen.

Veränderungen im kirchlichen Alltag (S. 80)

Das Konzil selbst legte neue Regeln und Reformen fest. Dies war auch bei den Christen vor Ort spürbar, die sich nicht mit hochtheologischen Themen befassen wollten oder konnten. Manche dieser Veränderungen waren weit älter als die Reformbeschlüsse, denn diese stellten nur das Faktische fest.
Viele Schüler dürften manche der früher geltenden, aufgeführten Punkte wohl verwundern, da sie mit der Lebenswelt der Schüler nichts mehr gemein haben: Warum soll es nur eine gültige Religion geben? Wie kann sich ein Staat nach dem Willen und den Lehren einer Kirche richten? Und warum sollte man einen Gottesdienst besuchen, der in einer unverständlichen Sprache gesprochen wird?
Mit diesen krassen Beispielen wird den Schülern deutlich gemacht, dass sie die Reformen des Zweiten Vatikanischen Konzils bereits aktiv leben und diese Reformen aus heutiger Sicht unausweichlich waren.

1. Paul VI. richtet sich an die gesamte Menschheit, die die Kirche nicht kennt oder sie nicht mag. Der Papst verkündet, dass die katholische Kirche niemandem fern ist, egal, welche Einstellung er hat. Sein Gruß ist aufrichtig, hoffnungsvoll, wertschätzend und voller Liebe. Paul VI. geht sozusagen mit offenen

SCHLAGLICHTER DER KIRCHENGESCHICHTE

Armen auf alle Menschen zu, die (noch?) nicht zum Volk der Katholiken gehören. Er sieht die katholische Kirche nicht als eine Herde Auserwählter, sondern als eine Gruppe, die für alle offen steht.
2. Reformen kommen in der Regel nicht aus dem Nichts, sondern man sieht das Bedürfnis, diese Reformen festzulegen. Oft werden in Ortskirchen Praktiken vollzogen, die zwar geduldet, aber nicht schriftlich fixiert oder gar verboten sind (beispielsweise finden sich zuweilen Priester, die Mahlgemeinschaft auch mit Nicht-Katholiken halten), die aber den Gläubigen ein Anliegen sein können. Mit den Reformen wird also schriftlich nur das erlaubt oder eingeführt, was ohnehin schon praktiziert wird. Es handelt sich also nicht um einen Widerspruch, sondern eher um eine Notwendigkeit: Warum etwas beschließen, was niemand kennt und niemand braucht?
3. *Die Schüler sollen in einem kurzen Text (ca. ½ Seite), der sich an die Leser eines Webblogs richtet, von den Neuigkeiten berichten, die für die Ortskirchen gelten.*

Das Erste Vatikanische Konzil – ein Rückblick (S. 81)

Wenn man das Zweite Vatikanische Konzil betrachtet, so verliert man den Vorgänger fast aus den Augen. Denn den Glanz des Zweiten Vatikanums vermag das Erste nicht zu erreichen, wurde es doch nie offiziell beendet, sondern notwendigerweise abgebrochen. Die Stoßrichtung der damaligen Konzilsväter war auch eine andere als die, welche man im 20. Jahrhundert bevorzugte: Die Unfehlbarkeit des Papstes und die Zementierung seiner Macht standen im Mittelpunkt der stattgefundenen Konzilsversammlungen. Das Konzil hätte weitere Schwerpunkte setzen können, wenn es nicht nach einem Jahr 1870 durch den Krieg zwischen Frankreich und Preußen hätte beendet werden müssen.
Die Schüler sollen hier erfahren, dass es rund 100 Jahre vor dem Zweiten Vatikanum ein Konzil gab, welches weit konservativer agierte, dessen Ergebnisse aber bis heute gelten.

1. Das Bild zeigt einen kirchlichen Raum mit einem Altar in der Mitte, auf dem ein Kreuz und Kerzen stehen. Zentral hinter dem Altar sitzt erhöht eine Person, auf deren Seite je drei weitere Personen etwas erniedrigt stehen. Rechts und links des Altars sind mehrere Sitzreihen aufsteigend hintereinander angebracht, auf denen Personen im Kirchenornat sitzen. Zwischen den Sitzreichen und dem Altar bewegen sich wenige Kleriker hin und her. Die Versammlung ist zentral auf den Altar ausgerichtet, der Papst wacht offensichtlich mit Argusaugen über die Konzilsmitglieder. Es ist nicht zu erkennen, ob die Kleriker miteinander diskutieren und die Männer in der Mitte als Boten fungieren. Nur zwei Personen (vorne rechts) scheinen in eine Diskussion vertieft zu sein.
Insgesamt wirkt das Konzil steif und man könnte auch auf den Gedanken kommen, es handelt sich nicht um eine Diskussion, sondern um einen Gottesdienst.
2. Pius IX. wendet sich gegen die Zeitirrtümer und möchte gegen Modeerscheinungen vorgehen. Er lässt vorher in Geheimdienstmanier Erkundigungen von Bischöfen anfertigen, um zu wissen, was diesbezüglich in den einzelnen Bistümern vor sich geht. Pius IX. möchte also die Katholiken an den Willen und die Lehren der Kirche anpassen, indem er neue Regeln vorgibt.
Johannes XXIII. geht den umgekehrten Weg: Er möchte die Kirche zu den Gläubigen öffnen und die vorgeschriebenen Praktiken an die Bedürfnisse der Gläubigen anpassen. Er möchte also die Kirche modernisieren, nicht die Gläubigen auf Kirchenkurs bringen.
3. Die Zuschreibung der Unfehlbarkeit heißt, dass der Papst alleine in Glaubens-, Sitten- und Disziplinfragen entscheiden kann und sein Urteil automatisch immer richtig ist, auch wenn es ein Urteil wäre, das offensichtlich dem gesunden Menschenverstand zuwiderlaufen würde. Außerdem erhöht es die Macht des Papstes: An seiner Autorität kommt kein anderes Kirchenamt mehr vorbei.

Konzilsbeschlüsse in der Praxis – die Würzburger Synode (S. 82)

In den einzelnen Ländern bemühte man sich, die Beschlüsse des Zweiten Vatikanischen Konzils umzusetzen. Aus diesem Grund beriefen die deutschen Bischöfe vier Jahre nach Konzilsende die Würzburger Synode ein, an der alle deutschen Bischöfe teilnehmen sollten. Auch diese Synode wurde nicht innerhalb eines Jahres beendet, sondern die Sitzungen erstreckten sich über einen Zeitraum von fünf Jahren. Man wid-

SCHLAGLICHTER DER KIRCHENGESCHICHTE

mete sich zahlreichen Themen, die Dokumente dazu sind im Internet abrufbar. Da hier nicht alle Themen angesprochen werden können, soll der Fokus auf einigen Beschlüssen zum Religionsunterricht liegen.

1. *Zunächst sollen sich die Schüler unabhängig vom vorliegenden Arbeitsblatt überlegen, was sie sich von ihrem Religionsunterricht erhoffen und erwarten. Dieser Arbeitsauftrag empfiehlt sich nur dann, wenn das Verhältnis zwischen Klasse und Religionslehrer intakt ist, da man den Punkt auch als Gelegenheit zu maßloser Kritik auffassen kann. In diesem Fall sollte die Besprechung abgebrochen werden.*
2. Religionsunterricht soll …
   - an den Schulen verpflichtend existieren.
   - verantwortungsvolle und bedachte Christen hervorbringen.
   - für Gruppen einheitlicher Konfession stattfinden.
   - von einem Lehrer gehalten werden, den die Glaubensgemeinschaft (in diesem Fall die katholische Kirche) für geeignet hält.
   - auch für kritische Fragen der Schüler offen sein.

   Im Anschluss an die Zusammenfassung soll überprüft werden, ob der Religionsunterricht, den die Schüler in ihrer Schülerlaufbahn erlebt haben, diesen Forderungen gerecht wird. Hier ist zu beachten, dass die Schüler selbstverständlich eine andere Definition von „kritischen Fragen" haben als möglicherweise die Lehrkraft.
3. Die Kirche möchte natürlich, dass die Lehrer ihre Ansichten und Lehren vertreten. Der Religionslehrer ist das Sprachrohr der Kirche. Deshalb möchte die Kirche auch kontrollieren, ob der Lehrer nach christlichen Regeln lebt und die von der Kirche festgesetzten Kriterien für einen guten Religionslehrer einhält. Für einen Lehrer bedeutet dies, dass er sowohl von staatlicher Seite wie auch von kirchlicher Seite kontrolliert wird und „zwei Herren dienen" muss. Als Vorteil ergibt sich, dass der Lehrer zwei Ansprechpartner hat, die ihm bei Fragen und in Nöten unterstützen können.

SCHLAGLICHTER DER KIRCHENGESCHICHTE

Zwei Päpste, zwei Selbstdarstellungen

1. Auf den Bildern sind die Päpste Pius XII. (links) und Paul VI. (rechts) zu sehen. Vergleiche die beiden Darstellungen. Benenne dabei Gemeinsamkeiten und Unterschiede.
2. Welche Papstdarstellung ist dir sympathischer? Begründe deine Auswahl.

KIRCHE AUF DEM WEG IN DIE MODERNE – DAS ZWEITE VATIKANISCHE KONZIL

SCHLAGLICHTER DER KIRCHENGESCHICHTE

Ecclesia semper reformanda – Die Kirche braucht stets eine Erneuerung

Bereits 1947 bemerkte der Schweizer Theologe Karl Barth, dass die Kirche sich ständig erneuern müsse, um den Fragen und Nöten der aktuellen Welt begegnen zu können. Seit dieser Forderung sind nunmehr viele Jahrzehnte vergangen. Für viele ist die Kirche trotz zahlreicher Anstrengungen immer noch altbacken und im Mittelalter stehengeblieben.

Vielleicht hast du auch Wünsche an die Kirche, was sich ändern sollte. Welche Veränderungen wünschst du dir in der Kirche? Was stört dich? Fasse deine Wünsche rund um die Kirchenabbildung zusammen:

SCHLAGLICHTER DER KIRCHENGESCHICHTE

Die Konzilspäpste: Johannes XXIII. und Paul VI.

Wenn man vom Zweiten Vatikanischen Konzil spricht, ist es auch hilfreich, die beiden Päpste zu betrachten, in deren Amtszeit das Konzil gefallen ist.

Johannes XXIII.

Er wurde 1881 als Angelo Giuseppe Roncalli geboren. 1904 wurde er zum Priester geweiht, schon ein Jahr später bekleidete er das Amt des Bischofssekretärs. Ab 1925 war er für den Vatikan als Diplomat tätig und erhielt dazu im selben Jahr die notwendige Bischofsweihe. Während des Zweiten Weltkriegs weilte Roncalli in der Türkei und verhalf zahlreichen von den Deutschen verfolgten Juden zur Flucht und rettete diese. 1953 wurde er zum Kardinal ernannt, 1958 zum Papst gewählt. In der Öffentlichkeit galt Roncalli, der sich nunmehr Johannes XXIII. nannte, als konservativ und aufgrund seines hohen Alters nur als Übergangspapst. Er überraschte die Welt, indem er Mut zu Neuem zeigte. So berief er das Zweite Vatikanische Konzil ein und lud dazu auch Laienbeobachter ein. Politisch war er ebenfalls aktiv: Während der Kubakrise vermittelte er zwischen dem US-Präsidenten Kennedy und Präsident Chruschtschow und trug so dazu bei, die Kubakrise zu überwinden. Im päpstlichen Alltagsleben bewirkte Johannes XXIII. einige Veränderungen: Er schaffte den Fußkuss und die Kniefälle bei Privataudienzen ab und erhöhte die Gehälter der Angestellten. Er verließ Rom und war damit der erste Papst, der dies tat. 1963 starb er.

Paul VI.

Als Giovanni Battista Enrico Antonio Maria Montini 1897 in Concesio geboren, erhielt er 1920 die Priesterweihe und studierte an der Päpstlichen Diplomatenakademie und an der Päpstlichen Universität. Seit 1922 arbeitete er im Staatssekretariat, ab 1937 als Vertreter des späteren Papst Pius XII. Schon zu dieser Zeit galt er Neuem gegenüber als aufgeschlossen. 1954 wurde er zum Bischof geweiht, 1958 zum Kardinal und er nahm ab 1962 am Zweiten Vatikanischen Konzil teil. Während des Konzils wirkte er vermittelnd zwischen den teilweise zerstrittenen Bischöfen und Kardinälen und gab dem Konzil seine Richtung. Nach dem Tod Johannes` XXIII. wurde er 1963 zum Papst gewählt. Er verzichtete auf die traditionellen Statussymbole wie Tiara, Baldachin, Pfauenwedel, Thronassistenten und Nobelgarde. Er verwirklichte viele angestoßene Reformen, manche in einem Nebensatz, ohne großes Aufhebens darum zu machen. Er begann auch damit, Auslandsreisen zu unternehmen. 1978 starb Paul VI. auf seinem Sommersitz an einem Herzinfarkt.

1. Beide Päpste haben sehr schnell nach ihrer Priesterweihe hohe Ämter in der katholischen Kirche erhalten. Überlege, warum es gerade diesen Männern möglich war, später zum Papst gewählt zu werden.
2. Sowohl Johannes XXIII. wie auch Paul VI. begannen, historische Statussymbole abzulegen oder zumindest nicht stets zu verwenden. Zeige auf, inwiefern dies auch zu ihrer Amtsführung als Papst passt.

KIRCHE AUF DEM WEG IN DIE MODERNE – DAS ZWEITE VATIKANISCHE KONZIL

SCHLAGLICHTER DER KIRCHENGESCHICHTE

Gemeinsam kommen wir ans Ziel

Konzil

Ein Konzil (von lat. „concilium") bezeichnet eine Versammlung. Meist handelt es sich um eine Versammlung in kirchlichen Angelegenheiten. In den Konzilien werden Glaubensfragen beraten, Lehrsätze verabschiedet und neue Regeln aufgestellt. Nicht alle eingeladenen Teilnehmer sind abstimmungsberechtigt.
Ein anderes Wort für Konzil ist „Synode".

Papst Johannes XXIII. hatte den Wunsch, die Kirche zu erneuern. Dazu berief er für Oktober 1962 ein Konzil im Vatikan ein. Dies war zuletzt rund 100 Jahre zuvor geschehen. Schon bei seiner Wahl im Konklave gab es erste Erwähnungen eines möglichen Konzils. Bei der Ankündigung ab 1959 machte sich weithin großer Enthusiasmus breit, da man sich viele neue Impulse erhoffte. Aber nicht nur Begeisterung war zu finden: Es gab auch zahlreiche Kleriker, die sich mit dem neuen Zeitgeist nicht anfreunden konnten und der Meinung waren, dass die Kirche gerade ein Bollwerk gegen Modernismus sein müsse. Sie solle ein stabiler Fels in der Brandung sein. Denn mit einer Öffnung und Modernisierung fürchteten sie auch einen Machtverlust der Positionen, die sie bekleideten.

An Weihnachten 1961 berief der Papst das Konzil offiziell ein, beginnen sollte es im Jahr 1962. Am 11. Oktober 1962 war es dann tatsächlich soweit.

1. Überlege, welche Personengruppen bei der Erneuerung der Kirche besonders um ihre Machtposition fürchten mussten und müssen.
2. Versetze dich in die Lage der Organisatoren des Konzils. Für diese gab es viel zu bedenken. Erarbeite einen Organisationsplan, bei dem du folgende Fragen berücksichtigst:
    - Wer soll eingeladen werden, um die Modernisierung zu bewirken? Sollen auch Gäste eingeladen werden, die keine Kleriker oder gar Katholiken sind?
    - Wo soll das Konzil stattfinden?
    - Wie lange will man sich für das Konzil Zeit nehmen?
    - In welcher Sprache soll das Konzil stattfinden? Denn die Teilnehmer könnten aus allen Ländern der Erde kommen.
    - Wer bestimmt, welche Themen besprochen werden?
    - Wie sollen Fragestellungen ausgearbeitet werden? Denn Tausende Konzilsmitglieder können sich unmöglich zu allen Themen äußern und bei allen mitarbeiten.
    - Wie und in welcher Form sollen die Ergebnisse des Konzils veröffentlicht werden. Und in welcher Sprache?

KIRCHE AUF DEM WEG IN DIE MODERNE – DAS ZWEITE VATIKANISCHE KONZIL

SCHLAGLICHTER DER KIRCHENGESCHICHTE

Das Zweite Vatikanische Konzil

Am 11. Oktober 1962 kamen auf Einladung des Papstes rund 2500 Menschen in den Vatikan, um am Konzil teilzunehmen. Die Bischöfe waren aus 133 Ländern angereist. Ziel des Konzils war die Erneuerung der Kirche („aggiornamento"). Schon beim Einzug zeigte Papst Johannes XXIII., dass er sich nicht als Staatschef des Vatikans auftrat: Statt der Tiara (Papstkrone) trug er die Bischofs-Mitra. Schon von Anbeginn des Konzils zeigte sich, dass es einen Streit zwischen Erneuerern, die wirklich Neues wagen wollten, und Bewahrern, die an der alten Kirche und ihren Riten und Regeln festhielten, geben würde. Die Bewahrer stammten meist aus der Kurie, also dem direkten Umfeld des Papstes. Sie versuchten, an möglichst vielen Stellen Einfluss zu nehmen. Die Erneuerer konnten sich mit vielen ihrer personellen Wünsche durchsetzen, womit die Stoßrichtung des Konzils klar war. Insgesamt trafen sich die Konzilsmitglieder in vier Sitzungsperioden im Vatikan, in der Zeit zwischen den Sitzungsperioden wurden die einzelnen Dokumente von den Kommissionen ausgearbeitet, um dem Konzil vorgelegt zu werden. Bereits nach der ersten Sitzungsperiode war Papst Johannes XXIII. verstorben. Sein Nachfolger, Paul VI., führte das Konzil fort, das schließlich am 8. Dezember 1965 sein Ende fand.

Während der vier Sitzungsperioden wurden 16 Dokumente durch die Konzilsteilnehmer verabschiedet. Diese betreffen u. a. die Liturgie, die Ökumene, das Verhältnis zu nichtchristlichen Religionen, die Priester, die Missionstätigkeit, die Religionsfreiheit und das Verhältnis der Kirche zu der Welt von heute.

Am Konzil waren einige Dinge besonders und richtungsweisend:
- Der Glaube wurde für das christliche Leben „brauchbar" gemacht. Es ging nicht um theologische Streitigkeiten.
- Man öffnete sich der Ökumene. Es waren nicht-katholische Beobachter eingeladen, die das Konzil verfolgen durften.
- Den anderen Religionen stand man zunehmend offen gegenüber. Auch in ihnen erkannte man heilsbringende Elemente und respektierte ihre ethischen und religiösen Werte.
- Die Bibel wurde weiterhin als Bezugspunkt des Glaubens gesehen. Im Unterschied zu den Protestanten nahm man aber zusätzlich die überlieferten Traditionen als Bezugspunkte auf.
- Die Kirchenväter wurden entsprechend gewürdigt. Sie galten als privilegierte Zeugen der Tradition.
- Bisher missachtete man Ergebnisse der historischen Forschung. Dies war im Zweiten Vatikanischen Konzil anders: Forschungsergebnisse wurden bei Interpretationen berücksichtigt.

Bis heute sind nicht alle Ergebnisse des Zweiten Vatikanischen Konzils umgesetzt.

1. Überlege, weshalb sich das Zweite Vatikanische Konzil über drei Jahre erstreckte.
2. Mutmaße, was Johannes XXIII. wohl damit ausdrücken wollte, dass er statt der Tiara die Mitra trug.
3. Zeige auf, wie es sein kann, dass die Umsetzung des Zweiten Vatikanischen Konzils bis heute dauert.

SCHLAGLICHTER DER KIRCHENGESCHICHTE

Veränderungen im kirchlichen Alltag

Das Zweite Vatikanische Konzil wurde von vielen Christen als Fortschritt für die katholische Kirche gefeiert. Sie erhofften sich nun eine Öffnung und eine Erneuerung. Das Konzil brach auch nicht plötzlich über die Kirche und die Christenheit herein, bereits die Päpste vor Johannes XXIII. sollen angedeutet haben, dass sie in naher Zukunft ein neues, ökumenisches Konzil erwarten. Viele der beschlossenen Veränderungen bahnten sich schon in den Jahrzehnten vorher an, man trug also mit den Entscheidungen nur den faktischen Entwicklungen Rechnung. Bald nach dem Konzil gab es weithin spürbare Veränderungen. Einen Teil kannst du der Tabelle entnehmen:

Vor dem Konzil	Nach dem Konzil
Standardsprache im Gottesdienst war Latein.	Standardsprache im Gottesdienst ist die jeweilige Landessprache.
Die Gläubigen bekamen wenige Bibeltexte im Gottesdienst präsentiert.	Es werden in jedem Gottesdienst Texte aus der Bibel verlesen.
Unfehlbar in der Lehre war nur der Papst.	Auch die Bischöfe vor Ort können Glaubens- und Sittensachen endgültig bestimmend lehren.
Die katholische Kirche sah sich als die alleinig heilsbringende an. Andere Religionen wurden als nicht heilsbringend angesehen.	Auch in anderen Religionen lassen sich viele Elemente finden, die zum Heil führen können.
Die Kirche erhob den Anspruch, dass die Öffentlichkeit und die Staaten nach katholischen Grundsätzen handeln müssen.	Dieser Anspruch wird von der Kirche nicht mehr erhoben.

Mit den oben genannten Beschlüssen war es aber nicht getan: Papst Paul VI. erließ in den folgenden Jahren weitere Verordnungen, um die Ideen und Forderungen des Konzils umzusetzen. Die Absicht des Zweiten Vatikanischen Konzils fasste er so zusammen:

„Von diesem römisch-katholischen Zentrum aus ist niemand von Prinzips wegen unerreichbar; auf der Linie dieses Prinzips können und müssen alle erreicht werden. Für die katholische Kirche ist niemand fremd, niemand ausgeschlossen, niemand fern. Diesen Unseren universellen Gruß richten Wir auch an Euch, Menschen, die Ihr Uns nicht kennt; Menschen, die Ihr Uns nicht versteht; Menschen die Ihr Uns nicht für Euch nützlich, notwendig und freundlich glaubt; und auch an Euch, Menschen, die Ihr, für Euch denkend, auf diese Weise Gutes zu tun, Uns anfeindet! Ein aufrichtiger Gruß, ein besonderer Gruß, aber voll von Hoffnung; und heute, glaubt es, voller Wertschätzung und Liebe."

1. Lies dir das Zitat Pauls VI. sorgfältig durch. An wen richtet er sich? Fasse seine Aussage mit eigenen Worten zusammen.
2. Das Konzil wurde als ein Umbruch gefeiert, viele der angestoßenen Reformen haben aber schon vorher ihren Anfang gefunden. Versuche, diesen vermeintlichen Widerspruch zu erklären.
3. Verfasse einen Text für einen Webblog, in dem du die Veränderungen für die Katholiken, die durch das Konzil angestoßen wurden, darstellst.

SCHLAGLICHTER DER KIRCHENGESCHICHTE

Das Erste Vatikanische Konzil – ein Rückblick

1 Bereits rund 100 Jahre vor dem Zweiten Vatikanischen Konzil hatte es ein Konzil im Kirchenstaat gegeben. Papst Pius IX. eröffnete es am 8. Dezember 1869. Es nahmen von über 1000 teilnahmeberechtigten Klerikern allerdings nur bis zu 744 teil – im Durchschnitt waren weniger Personen an den Sitzungen anwesend.

5 Pius IX. wandte sich mit der Einberufung gegen den Liberalismus und gegen die zu verwerfenden Zeitirrtümer. Zu diesen Themen ließ der Papst vorab geheime Berichte von verschiedenen Kurienkardinälen und Bischöfen anfertigen. Diese Gutachten sollten die Grundlage des Konzils darstellen.

Es wurden letztlich nur wenige Beschlüsse gefasst. Einer allerdings bezog sich auf die
10 Unfehlbarkeit des Papstes:

> „Der Papst übt als Nachfolger Petri, Stellvertreter Christi und oberstes Haupt der Kirche die volle ordentliche, unmittelbare bischöfliche Gewalt über die Gesamtkirche und über die einzelnen Bistümer aus. Diese erstreckt sich sowohl auf Sachen des Glaubens und der Sitten als auch auf die Disziplin und Kirchenleitung. ..."

15 Diese Unfehlbarkeit wurde von nicht allen Katholiken anerkannt und es kam zur Abspaltung der Altkatholiken.

Bevor weitergehende Beschlüsse gefasst werden konnten, brach 1870 ein Krieg zwischen Frank-
20 reich und Preußen aus. Die preußischen Schutztruppen wurden aus dem Vatikan abgezogen und der Kirchenstaat wurde von italienischen Truppen besetzt.
25 Daraufhin sah sich der Papst gezwungen, das Konzil auf unbestimmte Zeit zu verschieben. Es wurde nie fortgesetzt.

1. Beschreibe das Bild, welches eine Szene aus dem Ersten Vatikanischen Konzil zeigt.
2. Vergleiche die Motivation Papst Pius' IX. für das Konzil mit den Motivationen Johannes' XXIII.
3. Überlege, was es bedeutet, einem Mann Unfehlbarkeit in Fragen des Glaubens, der Sitten, der Disziplin und der Kirchenleitung zuzuschreiben.

SCHLAGLICHTER DER KIRCHENGESCHICHTE

Konzilsbeschlüsse in der Praxis – die Würzburger Synode

1965 endete das Zweite Vatikanische Konzil. Damit war aber erst ein Anfang für die Erneuerung und Öffnung der Kirche getan: Die Umsetzung in den einzelnen Ländern und Bistümern war damit noch längst nicht vollzogen. Um die Konzilsbeschlüsse zu verwirklichen, wurde 1969 eine gemeinsame Synode („Versammlung") der Bistümer in Deutschland einberufen.

Die Bischöfe trafen sich zwischen 1971 und 1975 in acht Sitzungsperioden. Tagungsort war die Bischofsstadt Würzburg in Unterfranken. So erhielt die Synode auch ihren Namen.

Von den zahlreichen, angedachten Themen konnten schließlich 16 bearbeitet und Dokumente dazu veröffentlicht werden. Behandelte Themen waren u.a. die Jugendarbeit, Ehe und Familie, Orden, Dienste und Ämter, Ökumene, Religionsunterricht u.v.m.
Im Bereich des schulischen Religionsunterrichtes wurden neben vielen anderen auch folgende Beschlüsse gefasst:

- Es muss Religionsunterricht geben,
    - weil das Christentum unsere Kultur nachhaltig geprägt hat,
    - weil der Religionsunterricht mit seiner Frage nach dem Sinn den Schülern hilft, die eigene Rolle in der Gesellschaft zu erkennen,
    - weil die Schüler nicht an die verwaltete Welt angepasst werden sollen, sondern freies Denken lernen sollen.
- Religionsunterricht soll zu verantwortlichem Denken und Verhalten im Hinblick auf Religion und Glaube befähigen.
- Im Religionsunterricht sollen Lehrer, Lehre und Schüler die gleiche Konfession haben.
- Die betreffende Religionsgemeinschaft hat das Recht, einem Lehrer eine Lehrerlaubnis zu erteilen oder zu verweigern. Ohne diese Lehrerlaubnis darf ein Lehrer keinen Religionsunterricht erteilen.
- Die Religionslehrer sollen bereit sein, auch kritische Fragen ihrer Schüler ernst zu nehmen.

1. Was erwartest du von deinem Religionsunterricht? Verfasse eine Wunschliste und tausche dich in Kleingruppen mit deinen Mitschülern aus.
2. Fasse die obigen Forderungen mit eigenen Worten zusammen und überlege, ob der Religionsunterricht, den du kennst, mit diesen Leitlinien übereinstimmt.
3. Ein Religionslehrer braucht neben einer wissenschaftlichen Ausbildung auch die Lehrerlaubnis der Religionsgemeinschaft, der er angehört und er unterwirft sich dafür bestimmten Regeln. Erwäge, welche Gründe die katholische Kirche für diese Regel haben könnte und welche Vor- oder Nachteile dies für die Lehrkraft bedeutet.

Quellen- und Literaturverzeichnis

Bildquellen

S. 9 Mittelmeerraum Römisches Reich © Peter Hermes Furian – Fotolia.com, Nr. 67244102
S. 10 See Genezareth © CC BY-SA 3.0 Hanay, Wikimedia
S. 11 Karte Orte Jesu Wirkungsstätten © CC BY-SA 3.0 Jüppsche, Wikimedia
S. 12 Karte Missionsreisen des Paulus © pASob – Shutterstock.com, Nr. 38424601 (bearbeitet)
S. 13 Paulus © Bartolomeo Montagna, Wikimedia
S. 18 Lebende Fackeln © Henryk Siemiradzki, Fotograf: Bonhams, Wikimedia
S. 21 Tertullian © unbekannt, Wikimedia
S. 26 Büste Galerius © CC BY-SA 3.0 Shinjirod, Wikimedia
S. 27 Schlacht an der Milvischen Brücke © Giulio Romano, Wikimedia
S. 28 Chi Roh © Dylan Lake, Wikimedia
S. 29 Theodosius © Anthonis van Dyck, Wikimedia
S. 33 Statue St. Patrick © CC BY-SA 4.0 Nheybob, Wikimedia
S. 34 Iro-schottische Mission © unbekannt, Wikimedia
S. 35 Bonifatius tauft und wird getötet © unbekannt, Wikimedia
Donareiche © Bernhard Rode, Wikimedia
S. 35 Statue Bonifatius in Fritzlar © AxelHH, Wikimedia
S. 37 Kreuzritter © Rorius – Fotolia.com, Nr. 56516680
S. 44 Franz von Assisi © Guido di Graziano, Wikimedia
S. 45 Grundriss St. Gallen © Johann Rudolf Rahn nach Lasius, Wikimedia
S. 47 Aufbruch zur Walpurgisnacht © Deutsches Historisches Museum, Berlin/A. Psille, Inventarnr. Gm 2001/31
S. 54 Hölle © Herrad von Landsberg, Wikimedia
S. 55 Tezel © unbekannt, Wikimedia
S. 56 Luther © Lucas Cranach der Ältere, Wikimedia
S. 59 Ignatius von Loyola © unbekannt, Wikimedia
S. 59 Kirche Il Gesu © CC BY-SA 3.0 Chirho, Wikimedia
S. 64 „Ja" dem Führer © Ferdinand Vitzethum, Wikimedia
S. 67 Pius XI. © Library of Congress, Wikimedia
S. 68 Ludwig Müller © akg 145285 National Synod 1933
S. 69 Clemens August von Galen © Diese Datei entstammt der Bildersammlung des Bistumsarchivs Münster, der Urheber ist Gustav Albers.
S. 75 Pius XII. © Joachim Specht, Wikimedia
S. 75 Paul VI. © CC BY-SA 3.0 © Lothar Wolleh, Wikimedia
S. 76 Herz-Jesu-Kirche Freiburg im Breisgau © CC BY-SA 3.0 James Steakley, Wikimedia
S. 77 Johannes XXIII. © unbekannt, Wikimedia
Paul VI. © Vatikanstadt, Wikimedia
S. 78 Teilnehmer am Zweiten Vatikanischen Konzils © CC BY-SA 3.0 Lothar Wolleh, Wikimedia
S. 81 Erstes Vatikanisches Konzil © Karl Benzinger, Wikimedia

Textquellen

S. 19 Übersetzungen Tacitus und Sueton © Guyot, Peter / Klein, Richard, Das frühe Christentum bis zum Ende der Verfolgungen. Eine Dokumentation, WBG, 3. Auflage (unveränd. Nachdruck der Sonderausgabe 1997), Darmstadt 2006.

S. 26 Toleranzedikt des Galerius, aus www.kathpedia.de

S. 36 Vita des heiligen Kilians, nach Joachim Schäfer: Artikel Kilian von Würzburg aus dem Ökumenischen Heiligenlexikon – www.heiligenlexikon.de/BiographienK/Kilian.htm

S. 43 Ordensregel des heiligen Benedikts, aus www.benediktiner.de

S. 82 Richtlinie des Religionsunterrichts, nach www.dbk.de

Literaturempfehlungen

- Frank, Isnard Wilhelm, Kirchengeschichte des Mittelalters, Patmos, Ostfildern ²2002.
- Guyot, Peter / Klein, Richard, Das frühe Christentum bis zum Ende der Verfolgungen. Eine Dokumentation, WBG, Darmstadt 1997.
- Dassmann, Ernst, Kirchengeschichte I. Ausbreitung, Leben und Lehre der Kirche in den ersten drei Jahrhunderten, Studienbücher Theologie, Kohlhammer, Stuttgart ³2012.
- Gleba, Gudrun, Klöster und Orden im Mittelalter, WBG, Darmstadt ⁴2011.
- www.dbk.de (Website der Deutschen Bischofskonferenz)